JN415230

한·일 공감각 오노마토피어

- 감각에서 감정·심리로 -

한·일 공감각 오노마토피어
- 감각에서 감정·심리로 -

초판1쇄 발행 2023년 11월 10일
초판2쇄 발행 2024년 10월 25일

지 은 이 장진영
펴 낸 이 신일희
펴 낸 곳 계명대학교 출판부
출판등록 제347-1998-1호(1970. 9. 1)
주 소 대구광역시 달서구 달구벌대로 1095
대표전화 053-580-6233
팩 스 053-580-6235
홈페이지 www.kmupress.com

ISBN 979-11-6516-190-3 93700 정가 22,000원

• 잘못된 책은 교환하여 드립니다.
• 이 책은 저작권법에 따라 보호받는 저작물이므로 책의 내용 및 이미지에 대하여 전부 또는 일부를 무단으로 복사, 복제, 배포하거나 전산 장치에 저장할 수 없습니다.

불법복사는 지적재산을 훔치는 범죄행위입니다.

저작권법 제136조(권리의 침해죄)에 따라 위반자는 5년 이하의 징역 또는 천만 원 이하의 벌금에 처하거나 이를 병과할 수 있습니다.

한·일 공감각 오노마토피어

- 감각에서 감정·심리로 -

장진영

계명대학교 출판부

본 연구는 2021년도 계명대학교 비사연구기금으로 이루어졌음

차례
Contents

머리말
Preface

'찔리지?' '콕콕'이라는 대화가 연구의 시작이었다. 지금은 대학생인 우리 큰아이가 막 말을 배우기 시작할 무렵 '양심에 찔리지?' 라는 질문에 어린아이의 순수한 감각 그대로 '콕콕'이라고 대답하는 순간 공감각적인 비유표현 전체의 그림이 그려졌다. 이후 청각·시각·촉각·미각·후각 등의 기본 감각들로 오노마토피어 분류를 진행하였고 이들 오노마토피어 중 공감각을 가지는 용례들을 따로 분류하는 작업이 시작되었다.

일본어의 경우는 박사논문에서 중고 시대부터 현대어에 이르기까지 통시적인 연구를 통하여 대략적인 오노마토피어의 형태확장과 의미확장의 패턴이 파악되어 있었고 현대어의 경우 다양한 오노마토피어 사전이 출판되어 있었기 때문에 용례 추출과 분석이 그리 어려운 작업은 아니었다. 하지만 한국어의 경우는 연변 언어연구소와 일본에서 출판된 의성의태어 사전만이 존재할 뿐 국내에서 출판된 오노마토피어 사전이 전무할 정도로 상황이 열악하였다.

다행히 연구를 시작한 2010년 무렵은 국어학에도 컴퓨터를 이용한 연구 방법이 활성화되어 자연어 처리 및 말뭉치 구축 등과 같은 분야에 대한 관심이 고조되어 국어학의 한 분야로 '국어 정보화'가 자리 잡던 시기였다. 1998년부터 시작된 '21세기 세종계획'이 성과를 내어 국립국어원 표준국어대사전, 국립국어원 말뭉치 등 여러 디지털 정보를 접할 수 있

었던 시기였다. 필자의 경우 국립국어연구원에서 표준국어대사전 의성의태어의 뜻풀이를 정리하기 위하여 만들었던 의성의태어 자료 [표준국어대사전] 편찬용 흉내말 목록(모두 29,015개)에서 공감각 오노마토피어를 추출하였다. 이러한 공감각 오노마토피어의 용례 리스트를 구축한 후 한국어와 일본어 코퍼스를 이용하여 필요한 용례를 추출하고 분석이 가능하였다. 일본어의 경우도 일본 국립국어연구소 KOTONOHA에서 구축한 「현대 일본어 문장어 균형 코퍼스(現代日本語書き言葉均衡コーパス)」를 츄나곤 코퍼스 검색 어플리케이션(中納言コーパス検索アプリケーション)을 이용하여 필요한 용례를 추출하고 분석하였다.

석사과정에서 오노마토피어 연구를 시작하던 무렵에는 종이책에서 필요한 용례를 하나하나 찾아내고 직접 텍스트화 작업을 하여 논문의 용례로 사용하였으나 점차 언어학에도 디지털화가 진행되어 다방면의 구어 자료와 문어 자료가 텍스트로 제공되고 있으며 다양한 분석 프로그램도 제공되고 있다. 이에 따라 개인 연구자라 할지라도 엄청난 양의 데이터에 접근할 수 있게 되었으며 빠른 시간 내에 분석이 가능하게 되었다. 본서의 성과도 이러한 기술의 발전에 힘입은 바가 크다고 볼 수 있다. 인지언어학이라는 학문은 인간의 인지와 사고 과정에서 언어가 어떻게 체득되고 변화해 가는가를 연구하는 인간중심의 학문이지만 본서에서 사용하는 모든 용례들은 코퍼스를 이용하여 검색하고 추출한 용례들이다. 기존의 인지언어학에서 이론적인 틀을 구축하는 데 집중하였다면 현재의 인지언어학에서는 대규모의 실제 언어 자료를 대상으로 하여 인간이 만들어 가는 언어 체계의 일정한 패턴 및 경향을 파악하고 있다고 볼 수 있다.

본서의 내용은 필자가 2011년-2013년 한국연구재단에서 「한일 공감각 오노마토피어 대조연구」라는 주제로 연구비를 지원받아 공감각 오노마토피어 연구를 시작한 이래 2019년까지 여러 학회지에 투고한 논문들을 바탕으로 작성되었다. 연구 초기 공감각 오노마토피어의 개별 의미확장에서 시작된 연구는 10여년의 시간을 거치면서 사람의 감정·심리를 나타내는 오노마토피어로의 의미확장 및 전체 오노마토피어 어휘가 어휘화되어 가는 전 과정으로 연구 범위가 확장되었다.

먼저 서론에서는 소쉬르 이래 오노마토피어에 대한 여러 학문적인 시각에 대하여 다루고 있으며 그중에서도 본서에서 이론적인 바탕을 이루고 있는 인지언어학의 여러 개념들을 중점적으로 설명하고 있다.

2장과 3장에서는 한국어와 일본어 공감각 오노마토피어의 의미확장에 대하여 청각·시각·촉각·미각·후각 등의 기본 감각들을 중심으로 은유와 환유에 의한 의미확장 양상을 살펴보고 있다.

4장과 5장에서는 한국어와 일본어 공감각 오노마토피어와 공기하는 명사·동사의 양상 및 용례수를 분석하고 있으며 일본어의 경우 비유표현으로의 의미확장이 진행되면서 청·탁의 대응관계에 있어 의미적인 유계성이 사라지는 현상에 대하여 고찰하고 있다.

구체적인 감각을 나타내는 오노마토피어는 공감각적인 비유표현을 거쳐 감정·심리 오노마토피어로 의미확장을 하게 되는데 이 단계에서는 어휘화가 진행되어 거의 일반어에 가까운 의미·용법이 나타나게 된다.

6장에서는 감정·심리 오노마토피어의 의미확장 패턴에 대하여 살펴보고 7장에서는 오노마토피어 어휘화의 가장 마지막 단계라고 할 수 있는 감정·심리 오노마토피어의 어휘화에 대하여 살펴본다.

마지막으로 지금까지 학문의 길을 걸을 수 있게 도와준 가족들에게 감사의 마음을 전하고자 한다. 언제나 믿어 주시고 든든한 울타리가 되어 주셨던 부모님과 공부하는 엄마와 함께 성장하면서 늘 새로운 영감을 주는 두 딸, 그리고 한결같이 곁을 지켜 주고 있는 남편에게 이 책의 한 페이지 한 페이지를 빌어 감사를 표한다.

서론

01

01 서론

오노마토피어[01]는 하나의 형태가 의음어·의태어 그리고 비유표현으로까지 의미가 확장하고 있는데 본서에서는 한국어와 일본어 공감각(共感覺) 오노마토피어[02]가 청각·시각·촉각·미각·후각 등의 기본 감각에서 사람의 감정·심리 등 추상적인 비유표현으로 의미가 확장되어 가는 과정을 환유(metonymy)와 은유(metaphor)에 의한 의미확장이라고 하는 인지언어학적 측면에서 고찰해 보고자 한다.

1.1. 자의성과 유연성

오노마토피어의 경우 소쉬르의 자의성(恣意性)에 예외적인 언어 현상

---

01 소리나 모양, 동작을 흉내내는 말을 나타내는 용어로는 의성어, 의음어, 의태어, 상징어, 흉내말, 시늉말 등이 있으나 본서에서는 오노마토피어(onomatopoeia)를 사용하기로 한다.

02 본서에서는 청각·시각·촉각·미각·후각 등 여러 가지 감각들이 동시에 표현되기도 하고 환유(metonymy)와 은유(metaphor)에 의해 의미가 확장되어 가는 오노마토피어를 공감각 오노마토피어로 부르기로 한다.

으로 언급되어 온 어휘 그룹이다.[03] 일반어의 경우 의미와 형태 사이에 상관관계가 없으며 서로 자의적으로 연결되어 있다고 보고 있으나 오노마토피어의 경우 예외적인 경우로서 그 음과 의미가 유연성(有緣性)을 가진다고 보고 있다. 예를 들면 「나무, 학교」라는 단어의 경우 그 음과 의미에 상관관계가 없이 자의적으로 결합되어 있으나 물건이 부딪히는 소리를 나타내는 「딱딱, 탁탁」의 경우 음에서 떠오르는 이미지가 의미로 연결되고 있다. 일본어의 경우도 물건이 부딪히는 소리를 나타내는 「かたかた、がたがた」 등은 음과 의미가 상관관계를 가지며 청음과 탁음이 가지는 음상징에 의한 의미 차이도 나타내고 있다. 소쉬르에서는 오노마토피어의 경우를 예외적인 극히 소수의 일부분으로 취급하고 있으나 한국어와 일본어의 경우 오노마토피어가 하나의 특징적인 어휘군을 이루고 있으며 그 용례수도 많다는 점에서 서구어와는 다른 관점에서 접근해야 할 것으로 보인다. 이러한 특징 때문에 한국어와 일본어에서는 음운, 형태, 통어, 의미 등 다양한 방면에서 오노마토피어에 관한 연구가 이루어지고 있다.

또한 한국어와 일본어의 경우 오노마토피어가 단순히 음만을 나타내는 것이 아니라 의미확장을 통해 의태어 그리고 일반어에 이르기까지 다양한 의미영역에 걸쳐 나타나고 있다는 점에서 다른 언어와는 다르다고 볼 수 있다.

---

03 소쉬르 일반언어학 강의 (Saussure, F de.(1916) *Cours de linguistique generale*. 오원교 옮김 (1975) 형설출판사) pp.91-94.

1.2. 다의성

오노마토피어의 경우 하나의 형태가 여러 가지 의미영역에 걸쳐 나타나는 다의성(多義性)이 강한 어휘라고 볼 수 있다. 존슨(Johnson : 1987 노양진역(2000) p.25)에서는 다의성(polysemy)이란 하나의 단어가 체계적으로 연관된 다수의 의미를 갖는 현상을 말한다고 언급하고 있는데 예를 들면 "그 광고가 그 신문(newspaper)에 실렸다" "그는 그 신문사(newspaper)에서 일한다"에서의 'newspaper'의 다의성은 "My money is in the bank"(내 돈은 은행에 있다)와 "Let's go sit by the bank of the river"(강둑에 앉자)에서의 'bank'와 같은 전적으로 다른 단어들이면서도 동일하게 발음(또는 표기)되는 동음이의성(homonymy)과 대비된다고 보고 있다. 이 경우 전통적인 의미 이론 즉 객관주의 견해에서는 이런 설명을 할 수 있는 장치가 없기 때문에 이러한 다의성의 사례들을 포괄적으로 파악하지 못하고 있으나 인지언어학에서는 은유나 환유 등과 같은 상상력의 기능을 통해 단어의 중심적 의미를 다른 의미들로 확장시키는 과정에 대해 설명이 가능하다고 보고 있다.

가도오카(角岡 : 2007)에서는 오노마토피어 어기(語基)의 다의성에 관해서 다음과 같은 도식으로 정리하고 있다.

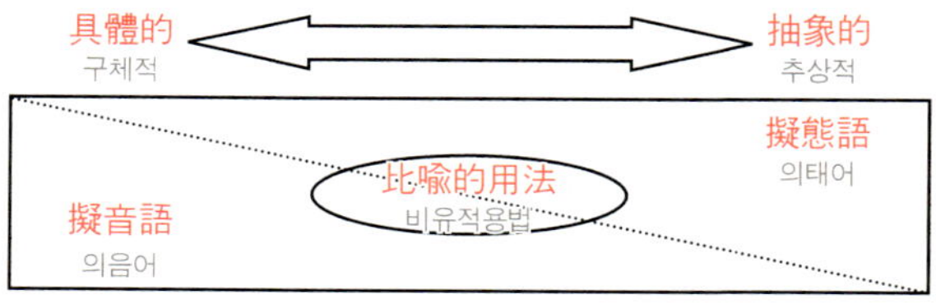

[그림1] 角岡(2007 : p.186)

오노마토피어는 의음어의 경우 구체적이고 단일한 의미를 가지며 의태어의 경우 추상적이며 다의성을 가지게 되며 비유적 용법은 의음어나 의태어의 본래적 의미보다 추상적이라고 보고 있다. 비유적 용법은 의음어와 의태어 양쪽에 관계하는 것으로서 이들 삼자의 상대적 위치를 단순화하면 위의 [그림1]과 같다. 비유적 용법은 의음어와 의태어의 경계선상에 걸쳐 있기 때문에 선상에 위치하고 있다. 이 그림은 의음어 의태어의 구체성·추상성에 관해 극단적으로 단순화하고 있으며 단지 상대적인 관계를 나타내고자 한 것으로 자세한 내용은 개별 오노마토피어의 의미확장에서 다루고자 한다.

1.3. 은유와 환유

오노마토피어의 다의성에 나타나는 의미의 변화는 울만(Ullmann : 1962 pp.211-227)이 언급한 은유(metaphor)와 환유(metonymy)에도 나타나고 있다. 울만(Ullmann : 1962)은 의미의 변화를 설명하는데 유사성(Similarity of Sence(Metaphor))과 근접성(Contiguity of Sence(Metonymy))을 들고 있다.

은유(metaphor)

ⅰ) 의인화(Anthropomorphic metaphors)

ⅱ) 동물의 이미지를 이용한 은유(Animal metaphors)

ⅲ) 구체적인 이미지에서 추상적인 이미지로의 은유(From concrete to abstract)

ⅳ) 공감각(共感覺) 은유(Synaesthetic metaphors)

환유(metonymy)

ⅰ) 공간적 근접성(Spatial relations)

ⅱ) 시간적 근접성(Temporal relations)

ⅲ) 부분·전체의 제유(Part for the whole : synecdoche)

ⅳ) 추상적인 단어에 구체적인 의미부여

Ullmann(1962 : pp.211-227)

이 중 공감각 오노마토피어의 의미확장에서 나타나는 의미변화는 ⅲ)구체적인 이미지에서 추상적인 이미지로의 은유(From concrete to abstract), ⅳ)공감각(共感覺) 은유(Synaesthetic metaphors)이며 환유(metonymy)에 의한 의미확장은 ⅰ)공간적 근접성(Spatial relations), ⅱ)시간적 근접성(Temporal relations)에 의한 의미확장으로 볼 수 있다.

아래의 용례(1)의 「がちがち」는 물건이 부딪히는 소리에서 딱딱한 촉감 그리고 추상적인 비유표현에 이르는 의미 확장이 나타나고 있다.

(1) a. 乾いたジャケットを着たのに、悪寒がした。歯がガチガチ鳴った。アントニーが毛布をとってきてくるんでくれた。(壁のむこうから来た男 岩波書店 1995)

b. ひざを着いてしまいました。で、そこはがちがちの氷。(Yahoo!ブログ Yahoo! 2008)

c. 以前はガチガチのスポーツ·キャスターってイメージがありましたが、いまの柔軟性があって (出逢いふれあい十年十色 近代映画社 1995)

용례(1a)의 「がちがち」는 오한으로 이빨이 부딪히는 소리 혹은 모습을 나타내고 있으며 용례(1b)에서는 딱딱하게 굳은 얼음의 촉감을 나타내고 있다. 또한 용례(1c)에서는 스포츠 캐스터의 이미지가 엄격하고 딱딱함을 나타내는 비유표현으로 의미가 확장하고 있다. 즉 용례(1a)(1b)에서는 공간적, 시간적 근접성에 의한 환유(metonymy)에 의해 청각에서 시각으로 의미가 확장하고 있으며 용례(1c)에서는 실제로 굳은 모습을 나

타내는 구체적인 촉각이 아니라 은유(metaphor)에 의해 사람의 성격이나 분위기 등이 엄격하고 딱딱한 상태로 의미가 확장하고 있다.

아래의 용례(2) 「딱딱」의 경우 일본어 「がちがち」와 마찬가지로 물건이 부딪히는 소리에서 딱딱한 촉감 그리고 추상적인 비유표현에 이르기까지 다양한 의미를 나타내고 있다.

(2) a. 몸은 식은땀으로 칠갑이 되어 있고 오한이 나서 이빨이 딱딱 마주쳤다. 그러곤 갑자기 두렵고 무서워졌다. 무섭기 때문에 떨리는 게 아니라 ... (권지예, 문학과지성사, 2002)

b. 빵에서 나는 향기 같은 것, 시간이 지나면 향기는 날아가고 빵은 딱딱해지지만, 그 딱딱해진 빵을 입 안에 베어물고 침으로 조금씩 녹이다 보면 ... (이혜경, 문학과지성사, 2002)

c. 잠깐 동안의 어색한 침묵이 흐른 뒤, 동영이 문득 딱딱해진 분위기를 풀어 주려는 듯이 부드럽게 물었다. (이문열, 민음사, 1984)

용례(2a)에서 「딱딱」은 이빨이 부딪히는 소리 혹은 모습을 나타내고 있으며 용례(2b)에서는 굳어버린 빵의 촉감을 나타내고 있다. 또한 용례(2c)에서는 어색해진 분위기를 나타내는 비유표현으로 의미가 확장하고 있다. 즉 용례(2a)(2b)에서는 공간적, 시간적 근접성에 의한 환유(metonymy)에 의해 청각에서 시각으로 의미가 확장하고 있으며 용례(2c)에서는 실제로 굳은 모습을 나타내는 구체적인 촉각이 아니라 은유(metaphor)에 의해 사람의 성격이나 분위기 등이 엄격하고 어색한 상태로 의미가 확장하고 있다.

존슨(Johnson : 1987)에서는 고전적인 객관주의 의미론은 다의성에 대해 어떤 단어의 중심적 의의가 은유나 환유라고 하는 인간의 상상력의 장치에 의해 다른 뜻으로 확장되는 것을 설명할 수 없었다는 한계를 지적하고 인간의 몸, 특히 신체화된 경험에서 생겨난 상상적 구조 즉 이미지 도식과 은유적 투사에 의한 설명을 시도하고 있다.

> 우리는 은유를 통해 우리의 물리적 경험에서 얻어지는 패턴들을 사용함으로써 보다 더 추상적인 이해를 구성한다. 구체적인 것에서 추상적인 것으로의 은유적 투사를 통한 이해는 신체적 경험을 두 갈래로 사용할 수 있게 한다. 첫째, 경험의 다양한 신체적 영역에서의 신체적 운동과 상호 작용은 (영상도식에서 드러나는 것처럼) 구조화되는데, 그 구조는 은유에 의해서 추상적 영역으로 투사된다. 둘째, 은유적 이해는 단순히 아무런 제약이 없는, 이것에서 저것으로의 자의적(恣意的)이고 환상적인 투사가 아니다. 구체적인 신체적 경험은 은유적 투사에로의 '입력'뿐만 아니라 투사 자체의 본성, 즉 영역들 사이에 발생하는 사상의 종류를 제약한다.
>
> Johnson (1987 노양진역(2000)『마음 속의 몸』철학과현실사 : p.30)

존슨(Johnson : 1987 노양진역(2000) pp.30-31)에서는 이와 관련된 실례로 「많음은 위」(MORE IS UP) 이라는 은유적 이해를 제시하고 있다. 가격이 오르고 있다(Prices keep going up), 매년 출판되는 도서 수가 증가하고 있다(The number of books published each year keeps rising), 그의 총수입은 떨어졌다(His gross earning fell), 온도를 내려라(Turn down the heat) 등과 같은 예들은 「더 많음」(증가)을 「위」로 지향된 것으로 이해한다는 것을 보여주고 있다는 것이다. 이 경우 우리의 아주 일상적인 신체적 경험들과 그 경험들이 포함하는 영상도식과 관계가 있다고 보고 있는데 그릇에 더 많은 액체를 부으면 표면이 상승하고 더 많은 물건들을 더미 위에 쌓으면 높이가 상승하므로 「더 많음」과 「위」는 우리의 경험 안에서 양에 대한 우리의 추상적 이해의 물리적 근거를 제공하는 방식으로 상호 연관되어 있다는 것이다.

오노마토피어의 경우 신체가 느끼는 구체적인 감각에서 유래한 의미확장이 많이 나타나고 있다. 청각·시각·촉각·미각·후각 등이 모두 인간의 신체가 느끼는 구체적인 감각으로서 이들 감각에서 연상된 이미지가 추상적인 의미 그리고 비유표현으로 의미확장하고 있다.

(3) a. がちがちに肩が固まっていた。(烙印よ、虚ろを満たせ。 富士見書房 2005)

b. くったくのない笑いだった。ー がちがちの軍人さんに見えたあの人が、ああいう笑顔を見せるようになったの (凍れる瞳 文芸春秋 1991)

용례(3)의 「がちがち」는 어깨가 딱딱하게 굳은 모습에서 연상된 이미지가 은유를 통하여 사람의 성격이나 성향이 딱딱하고 엄격한 모습을 나타내는 비유표현으로 의미확장하고 있다.

(4) a. 陽に灼けた額がぴりぴりしていた。(ミステリー 扶桑社 1994)

b. これまでのようにぴりぴりと張りつめた感じではなく、落ち着いた安定した表情をしている。(幸福な朝食 新潮社 1988)

용례(4)에서 「ぴりぴり」의 경우 피부에 느껴지는 통증을 나타내는 촉감에서 연상된 이미지가 은유를 통하여 긴장된 상태를 나타내는 비유표현으로 의미확장하고 있다.

한국어의 경우도 인간이 느끼는 구체적인 신체의 감각이 추상적인 비유표현으로 의미확장하고 있다.

(5) a. 그의 어깨와 등줄기는 억세고 탄탄했다. (권지예, 문학과지성사, 2002)

b. 그렇다면 중기재정계획은 보다 치밀하고 탄탄하게 짜여져야 한다. (동아일보사, 동아일보사, 1999)

용례(5)의 「탄탄」의 경우 어깨와 등의 촉감을 나타내는 구체적 감각에서 연상된 이미지가 은유를 통하여 조직이나 기구 따위가 쉽게 무너지거나 흔들리지 않는 상태에 있다는 추상적인 비유표현으로 의미확장하고 있다.

(6) a. 단맛을 평소보다 덜 달게 하고, 주스 안에 있는 산을 더 씁쓸한 맛으로 만들기 때문이다. (도널 에이 부리스 지음/박명숙 옮김, 장락, 1994)

b. 단정하긴 이르지만 우리 사회의 일그러진 한 단면을 보는 것 같아 씁쓸하다. (한겨레신문사, 한겨레신문사, 1999)

용례(6)에서 「씁쓸」의 경우 쓴맛을 나타내는 미각에서 연상된 이미지가 은유를 통하여 달갑지 아니하고 조금 싫거나 언짢은 상태를 나타내는 추상적인 비유표현으로 의미확장하고 있다.

1.4. 공감각적 비유표현

울만(Ullmann : 1962 p.216)은 은유 표현에 있어 어떤 감각을 나타내는 형용사가 다른 감각으로 명사를 수식하는 공감각(共感覺)적 비유표현(Synaesthetic metaphors)에 관해 언급하고 있는데 이를 감각 간의 유사에 근거한 은유(metaphor)라고 말하고 있다.

When we speak of a warm or a cold voice, we do so because we perceive some kind of similarity between warm or cold temperature and the quality of certain voice.

Ullmann(1962 : p.216)

우리가 따뜻한 혹은 차가운 목소리라고 말할 때, 우리는 따뜻하고 차가운 온도와 목소리와의 사이에 어떤 종류의 유사점을 느끼기 때문이다.

즉 예를 들면 「a warm or a cold voice」라고 할 경우 온도를 나타내는 표현과 목소리에서 느껴지는 감각 간의 유사에 의해서 하나의 감각에서 다른 감각으로의 전이가 일어난다는 것이다.

공감각 오노마토피어에서도 이와 같은 현상이 나타나고 있는데 아래의 「しっとり」의 경우 원래 음식이나 피부 등의 촉촉함을 표현하는 촉각을 나타내고 있으나 소리나 색깔, 분위기로의 의미확장이 나타나고 있다.

(7) a. 生地のしっとり感というか、落ち着いたかんじは、なんとも言えません。(Yahoo!知恵袋 Yahoo! 2005)

b. 赤ちゃんや小さい子供の肌はしっとりとして、つるつるすべすべとみずみずしく、弾力に富んでいます。(壮快 マキノ出版 2002)

용례(7a)에서는 「しっとり」가 생지의 촉촉함을 나타내고 있으며 (7b)에서는 아기 피부의 부드러움을 나타내고 있다.

(8) a. 長屋の一軒から、しっとりした三味線の音が聞こえてきた。(香津美斬魔剣 角川書店 1993)

b. 星々が静かに瞬き、月はしっとりとした乳色の輝きをこぼしつつ地上を見守っている。(破界戦士 集英社 1994)

c. 北海道あたりのしっとりした牧場で中学時代の友人Kに会ったかと思えば、(リュウキュウ青年のアイビー留学記 文芸社 2005)

용례(8)에서는 「三味線の音」「乳色の輝き」「北海道あたりの牧場」 등 샤미센 소리, 달빛이 우유빛으로 빛나는 모습, 홋카이도 근처 목장의 분위기 등을 「しっとり」가 나타내고 있다. 원래 습기를 나타내는 촉각에서 소리, 색깔, 분위기로의 감각의 전이가 일어나고 있는 것이다.

이와 관련해 윌리엄스(Williams : 1976 p.463)에서는 감각 간의 형용사에 의한 비유가 다음과 같은 일정한 방향성을 가지고 있다고 논하고 있다.

> THE MAJOR GENERALIZATION is this : if a lexeme metaphorically transfers from its earliest sensory meaning to another sensory modality, it will transfer according to the schedule shown in Figure 1 . (Williams : 1976 p.463)

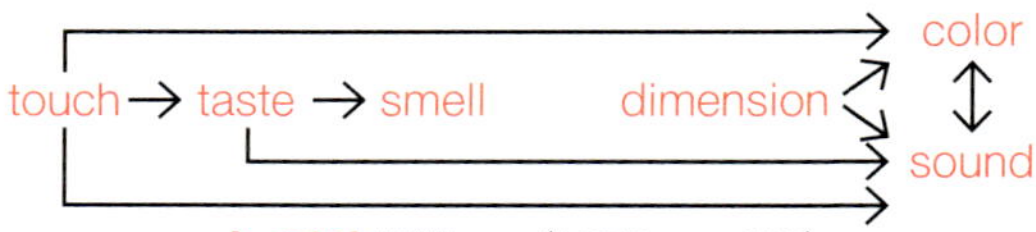

[그림2] Williams(1976 : p.463)

구니히로(国広 : 1989 p.28)는 윌리엄스(Williams : 1976 p.463)의 [그림2]를 일본어의 용례에 근거해서 다음과 같이 수정하고 있다.

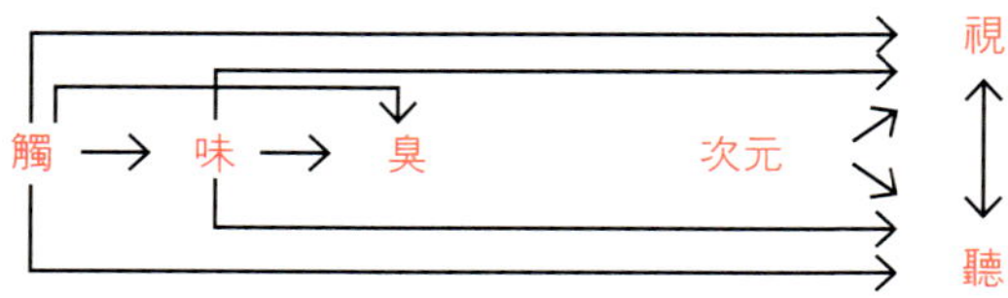

[그림3] 国広(1989 : p.28)

윌리엄스(Williams : 1976 p.463)의 그림에 관해 구니히로(国広 : 1989 p.30)는 다음과 같이 논하고 있다.

> 左から右への一方向であるということ、もう一つは、視覚と聴覚は同じように最右端に位置しているばかりでなく相互の間で比喩がなされること、また次元的比喩がなされる点で他のすべての感覚分野とは性質を異にしているということである。(国広 : 1989 p.30)

> 왼쪽에서 오른쪽으로 일방향일 것, 또 다른 하나는 시각과 청각은 둘 다 가장 오른쪽에 위치하고 있을 뿐만 아니라 상호간에 비유가 일어날 것, 또한 차원적 비유가 이루어지는 점에서 다른 모든 감각분야와는 성질을 달리하고 있다.

실제로 일본어 공감각 오노마토피어에서는 위와 같은 감각의 이동이 나타나고 있으나 그 세부적인 면에서는 윌리엄스(Williams : 1976 p.463)와 구니히로(国広 : 1989 p.30)의 가설과는 다른 양상이 나타나고 있다. 오노마토피어의 경우 청각에서 시작해서 시각 그리고 비유표현으로 향하는 의미의 이동이 나타나고 있었다.[04] 즉 윌리엄스(Williams : 1976 p.463)와 구니히로(国広 : 1989 p.30)의 방향과는 역으로 나타나고 있는 것이다.

또한 이토(伊藤 : 2009)에서도 중고·중세어를 중심으르 윌리엄스(Williams : 1976)와 구니히로(国広 : 1989)의 공감각(共感覺)적 비유표현의 일방향성(一方向性)에 관한 반례를 들고 있으며 사카모토(坂本 : 2009)에서는 초등학생의

04 비유에 의한 오노마토피어의 의미확장에 관해서는 졸고(2013, 2014, 2016, 2017)에서 한국어와 일본어 공감각 오노마토피어를 대상으로 자세히 살펴보고 있다. 공감각 오노마토피어의 경우 청각·시각·촉각·미각·후각 등의 구체적 감각에서 다양한 은유를 통해서 추상적인 비유표현으로 의미확장하고 있으며 의미확장에 따른 명사·동사의 공기제약에도 차이점이 나타나고 있다.

작문을 중심으로 비유표현의 일방향성(一方向性)에 관한 반례를 다루고 있으며 사와다(澤田 : 2004, 2005, 2008)에서는 한국어와 일본어의 촉각을 나타내는 오노마토피어를 의미영역별로 세분하여 대조 분석하고 있다.

1.5. 원형이론

사물의 본질과 비본질적 속성을 이분법적으로 구분한 아리스토텔레스의 고전적 범주화에 대하여 비트겐슈타인은 가족유사성이라는 개념을 도입하여 보다 다양한 요인들을 사용하여 어휘를 설명하고 있다. 예를 들어 '게임들'이라는 활동의 경우 다양하지만 무엇인가 공통적인 요소가 있어야 하는 것으로 보고 있다. 하지만 가족유사성의 경우 원형적 구성 요소 및 범주화의 경계를 밝힐 수는 없었고 라보프(Labov : 1973), 로쉬(Rosch : 1973, 1975) 등에서 컵과 가구 등의 어휘들의 원형 및 범주화에 관해서 실험을 실시하고 있다.

라보프(Labov : 1973)에서는 컵, 머그잔, 접시, 꽃병 등의 가정용 용기들에 대한 언어적 범주를 연구했다. 다양한 모양의 용기들의 그림들을 준비하고 이 그림들을 피실험자들에게 보여주고 그들에게 묘사된 사물들의 이름을 대도록 요구했다. 피실험자들은 총 19개의 용기들 중 가장 컵의 원형에 가까운 1번과 유사한 수평 단면이 원모양이고 밑바닥 쪽으로 갈수록 가늘어지며 밑바닥의 최대 폭이 깊이와 같고 손잡이가 달려 있는 용기는 만장일치로 컵이라고 말했다. 깊이에 대한 폭의 비율이 증가함에 따라서, 점점 더 많은 피실험자들이 그 사물을 접시라고 말했다. 하지만 그릇에 들어갈 내용물이 없을 경우(neutral)와 커피(coffee), 음식(food), 꽃(flower)으로 내용물이 변화할 경우 경계가 달라지는 양상을 보이고 있었으며 음식의 경우도 스프와 같은 액체와 감자와 같은 고체일 경우 경계가 다르게 나타나고 있었다. 즉 고전적 이론의 기대와는 달리 컵과 접시 사이에 어떤 명확한 경계는 없었으며 한 범주가 점진적으로 다른 한 범주 속으로 흡수되었다.

로쉬(Rosch : 1973, 1975)에서는 가구, 과일, 차, 무기, 채소, 목수의 도구, 새, 운동, 장난감, 옷 등의 범주들을 다루고 있다. 각 범주의 원형으로서의 레벨을 상 중 하로 나누어 사물을 설정하고 실험자들에게 원형 구성원과 비원형 구성원을 구분하는 실험을 실시하고 있는데 대부분의 실험 대상자들은 의자와 소파는 가구, 오렌지와 사과는 과일, 총은 무기, 완두콩은 채소, 톱과 망치는 목수의 도구, 울새와 참새는 새, 풋볼은 운동, 인형은 장난감, 바지는 옷의 원형으로 간주하였다. 새의 경우 펭귄, 타조처럼 원형의 새와는 모든 특징을 공유하고 있지 않는 즉 원형으로서의 레벨이 낮은 것으로 간주되었지만 원형과 충분히 유사하기 때문에 새의 범주로 인식되는 예도 나타나고 있다. 즉 원형과 정확하게 일치하지 않아도 원형과 충분히 유사하면 범주의 구성원으로 판단되며 각 사물이 그 범주의 구성원으로 판단되는 데는 구성원 요건의 정도에 차이가 있다는 것이다.

오노마토피어 어휘 범주화의 문제는 많은 학자들의 관심을 끌어왔다. 실제로 오노마토피어의 경우 어휘 내부에 매우 다양한 레벨의 어휘화 범주가 나타나고 있다.

다모리(외)(田守育啓·ローレンス·スコウラップ : 1999 pp.187-214)에서 일본어와 영어 오노마토피어의 범주화에 대해 두 가지 관점에서 검토를 행하고 있다. 먼저 기존의 오노마토피어의 정의에서는 오노마토피어가 가지는 음상징적 속성에 초점을 맞추고 있다는 점에서 오노마토피어 어휘와 비(非) 오노마토피어 어휘와의 경계가 모호하다고 보고 있다. 따라서 특정 언어 체계 안에서 어의 범주화와 관계하는 언어학적인 견해로서 어의 음과 현실 세계의 지시음이나 양태와의 관계를 직접 묻는 것이 아니라, 표면적으로 오노마토피어라고 생각되는 어가 일반어휘와 구별되는 구조적인 특징을 공유하고 있는가를 살펴야 한다고 주장하고 있다. 이를 바탕으로 영어와 일본어의 「오노마토페도(オノマトペ度)」를 설정하고 통어적·형태적·음운적인 특징을 고찰하고 있으며 오노마토피어 어휘의 구체적인 특징과 체계를 갖춘 일본어에 비해서 영어의 경우는 명확하게 정의되기 어렵다고 보고 있다.

한편 하마노(浜野 : 2014 pp.97-122)에서는 일본어 오노마토피어가 다이나믹한 시스템을 가지고 일반어휘와의 경계선을 넘어 일반어휘적인 통어역할을 획득하고 있다고 보고 있다. 애초부터 오노마토피어와 일반어휘의 경계선은 일반어휘와 한어, 외래어와의 경계선만큼 강한 것이 아니라 이 두 어휘층은 공생적인 존재이며 많은 요소를 공유하고 있다고 보고 있다. 따라서 오노마토피어 기원의 동사 및 부사를 대상으로 음상징성과는 무관계한 의미적 혹은 형태적 특징을 살피고 있다.

이처럼 오노마토피어의 경우 하나의 특징적인 어휘체계를 이루고 있으면서 내부적으로는 언어의 자의성에 반하는 음상징성이 강한 요소를 지닌 단계부터 일반어휘에 가까운 단계까지 다이나믹하게 분포하고 있다.

본서에서는 오노마토피어를 의미확장에 따라 아래와 같은 오노마토피어 어휘화 단계를 설정하고 전체 오노마토피어 어휘를 이 기준에 따라 분류해 보고자 한다.

① 레벨1 : 의음어(의미확장 없음)

ex) うっ(と)、うふふ、かーかー、がーがー …

② 레벨2 : 의음어→의태어(구체적 감각)

ex) うんうん、おいおい、かっちんかっちん、がやがや …

③ 레벨3 : 의음어→의태어(구체적 감각→추상적 비유)

ex) かさかさ、がさがさ、かちかち、がちがち、からから …

④ 레벨4 : 의태어 내부 의미확장(구체적 감각→추상적 비유)

ex) あっさり、こっくり、さっぱり、しっとり、じっとり …

⑤ 레벨5 : 의태어→의정어

ex) いじいじ、いらいら、うかうか、うきうき …

본서의 각 장은 위와 같은 오노마토피어 어휘화 단계에 따라 각 단계별 의미확장을 세부적으로 논의하고 있으며 최종적으로는 7장에서 오노마토피어 어휘화의 마지막 단계 즉 일반어휘에 가까운 감정·심리 오노마토피어의 어휘화에 관해 다루고 있다.

1.6. 조사 대상 오노마토피어 및 분석 방법

먼저 한·일 공감각 오노마토피어 목록을 작성하고 이들 어휘에 대해 코퍼스를 이용해 용례를 수집하고 분석한다. 본서에서 사용하고 있는 한국어와 일본어 공감각 오노마토피어 자료는 다음과 같다. 일본어의 경우 오노마토피어 전문 사전『擬音語·擬態語辞典』(天沼寧 : 1974)과『擬音語·擬態語辞典』(浅野鶴子 : 1978)에서 추출한 총 1,381개의 오노마토피어를 감각별로 조사하여 공감각 오노마토피어 의미확장 패턴을 분석했다.[05] 한국어의 경우는 국립국어연구원에서 표준국어대사전 의성의태어

05 일본어의 경우 근래에 다수의 오노마토피어 전문 사전이 간행되고 있으나 특정한 목적을 가진

의 뜻풀이를 정리하기 위하여 만들었던 의성의태어 자료로서 [표준국어대사전] 편찬용 흉내말 목록(모두 29,015개)에서 추출하였다.[06] 이 자료의 경우 의성의태어가 아니더라도 자모음의 교체를 보이는 단어들이 포함되어 있고 표제어뿐만 아니라 여러 가지 파생형이 포함되어 있어 본서에서 사용하기 위해서는 표제어 중심으로 다시 한번 정리를 하였고 이를 바탕으로 한국어 오노마토피어 총 9,192개를 추출하여 이 중 공감각 오노마토피어를 분류하고 의미확장 패턴을 분석하였다. 본서에서는 아래의 사이트의 용례를 바탕으로 의미확장 패턴을 분류·분석하였다.

< 참고사이트 >

http://morph.kaist.ac.kr/kcp/imitative.html Kaist 말뭉치 의성어 의태어 모음(자동 추출)

https://stdict.korean.go.kr/main/main.do 국립국어원 표준국어 대사전

https://corpus.korean.go.kr/ 국립국어원 말뭉치

https://ithub.korean.go.kr/user/main.do 국립국어원 언어정보나눔터 말뭉치

https://chunagon.ninjal.ac.jp 일본 국립국어연구소 KOTONOHA「現代日本語書き言葉均衡コーパス」中納言コーパス検索アプリケーション

1.7. 기발표 논문과의 관련성

필자의 공감각 오노마토피어 논문 중 본서의 내용과 관련 있는 논

용례만을 다루는 경우가 많아 본서에서는 가장 많은 용례를 수록하고 있는『擬音語·擬態語辞典』(天沼寧 : 1974)과『擬音語·擬態語辞典』(浅野鶴子 : 1978)의 용례를 모두 합산한 1,381개의 오노마토피어를 대상으로 목록을 작성하여 분석을 실시하고 있다.

06 http://www.hangeul.pe.kr/symbol/words.htm

문은 다음과 같다. 지금까지 서로 다른 학술지에 개별 논문으로 나누어 발표한 내용이지만 각각의 논문들은 서로 간에 일관된 테마를 가지며 연결고리를 가지고 있다고 볼 수 있다. 개별 학회지 논문의 경우 정해진 분량의 한계로 인해 기존 연구의 이론적 배경에 대한 충분한 고찰 및 다양한 주제의 많은 용례를 다루지 못하는 아쉬움이 남았다. 따라서 본서에서는 오노마토피어의 어휘화 과정에 있어서 인지언어학적인 이론적 배경을 자세히 검토하고 개별 용례의 의미확장 및 일반어로의 어휘화라는 폭넓은 주제에 맞게 보다 많은 용례의 분석과 심도 깊은 고찰에 중점을 두고 연구를 진행하였다.

「한·일 공감각(共感覺) 오노마토피어 의미확장 패턴분석」(2013) 『일본어문학』 61 일본어문학회 pp.173-198. : 2장 및 3장 일부

「일본어 공감각(共感覺) 오노마토피어 의미확장과 명사·동사 공기제약-「촉각」을 나타내는 오노마토피어를 중심으로-」(2014) 『일어일문학』64 대한일어일문학회 pp.121-146. : 5장 일부

「한·일 감정·심리 오노마토피어 의미확장 패턴 분석」(2016) 『일본어문학』75 일본어문학회 pp.117-140. : 6장 일부

「한·일 감정·심리 오노마토피어 어휘화 과정 분석- 음과 의미와의 유연성(有緣性) 약화를 중심으로 -」(2018) 『일본어문학』80 일본어문학회 pp.181-202. : 7장 일부

Korean and Japanese Synaesthetic Onomatopoeia-
From Sense to Emotion-Psychology

한국어 공감각(共感覺) 오노마토피어 의미확장 패턴 분석

02

2.1. 소리를 나타내는 오노마토피어의 의미확장

2.2. 촉각을 나타내는 오노마토피어의 의미확장

2.3. 미각을 나타내는 오노마토피어의 의미확장

2.4. 후각을 나타내는 오노마토피어의 의미확장

02

한국어 공감각(共感覺) 오노마토피어 의미확장 패턴 분석

2.1. 소리를 나타내는 오노마토피어의 의미확장

한국어 공감각 오노마토피어 중 청각-시각-비유표현으로의 의미확장 패턴은 가장 많은 용례수를 나타내고 있다. 소리를 나타내는 오노마토피어는 대부분의 경우 소리와 동시에 눈에 보이는 시각적인 표현이 되기도 한다. 소리를 나타내는 오노마토피어는 「까르르, 까르륵, 꼬륵, 꼬륵꼬륵, 꽈당, 꽈당꽈당, 꿀꺽, 꿀꺽꿀꺽, 콩당, 콩당콩당, 쿵덕, 쿵덕쿵덕, 키득, 키득키득, 덜컥, 덜컥덜컥, 텅, 텅텅, 부글부글, 퐁당, 퐁당퐁당 …」 등의 용례가 나타난다. 이 중 청각-시각-비유표현으로의 의미확장이 나타나는 「덜컥」「부글부글」의 의미확장을 살펴 보기로 한다. 「덜컥」의 경우 물건이 부딪히는 소리 혹은 모습에서 사람이 놀라거나 겁에 질리는 모습으로 의미확장이 나타나며 「부글부글」의 경우 액체가 끓는 모습에서 사람의 마음이 안정이 안되고 화가 나는 모습으로 의미확장이 나타나고 있다.

2.1.1. 부딪히는 소리에서 놀람으로 : 덜컥

(1) a. 잠시후에 방안에 불이 켜지고, 덜컥 소리를 내며 문이 열렸습니다. (구효서, 해당 정보 없음, 1996)

b. 어느 곳의 스위치를 올리는 소리, 슬리퍼를 끌고 이쪽으로 걸어오는 발소리…… 덜컥, 현관문이 열렸다. (조경란, 문학과지성사, 2001)

용례(1)에서 「덜컥」은 문 따위가 열리거나 물건이 떨어지는 소리와 모습을 동시에 나타내고 있으며 용례(2)에서와 같이 갑작스럽게 놀랐을 경우에도 비유적인 표현으로 사용된다.

(2) a. 밥줄이라는 말을 듣는 순간 찬장 서랍에 가득찬 라면들이 떠올랐고 가슴이 덜컥 소리를 내며 내려앉는 것만 같았다. (유기성, 삼신각, 1994)

b. 이렇게 말할 뿐이었다. 나는 그만 가슴이 덜컥 내려앉았다. 아니 가슴이 마구 두근거리며 눈물부터 왈칵 쏟아지려고 했다. (손춘익, 창작과비평사, 1980)

용례(2)에서 「덜컥」은 실제로 가슴이 내려앉는 소리나 모습을 나타낼 수는 없다. 그럼에도 불구하고 용례(2a)에서는 가슴이 덜컥 소리를 내며 내려앉는다고 하는 비유표현을 사용하고 있다. 용례(1)에서는 공간적, 시간적 근접성에 의한 환유(metonymy)에 의해 청각에서 시각으로 의미가 확장하고 있으며 용례(2)에서는 실제로 가슴이 내려앉을 수는 없지만 물건이 떨어지는 모습에서 은유(metaphor)에 의해 사람이 갑자기 놀라거나 겁에 질려 가슴이 내려앉는 모양 혹은 심리 상태로 의미가 확장하고 있다.

2.1.2. 끓는 소리에서 화가 나는 모습으로 : 부글부글

(3) a. 두꺼비와 도마뱀이 들어간 녹색의 물약이 부글부글 끓는 항아리는 어디에도 보이지 않았다. (민해연, 영언문화사, 2001)

b. 공룡들의 화석이 꿈틀거리며 호수가 부글부글 끓었다. 땅이 갈라진 틈바구니에서 까마귀들의 비명 소리가 울려나와 귀청을 찢었다. (윤후명, 문학과지성사, 2001)

용례(3)에서 「부글부글」은 물약, 호수의 물이 끓는 소리와 모습을 동시에 나타내고 있다.

(4) a. 나는 감정을 안정시키려고 애썼다. 참을 수 없는 무엇이 용암처럼 가슴속에서 부글부글 끓고 있어서 견디기가 힘들었다. (윤후명, 문학과지성사, 2001)

b. 젊음의 혼돈……. 효철은 가슴 저 깊은 곳에서 무엇이 부글부글 끓어오는 것 같았다. 답답한 심정이 된 효철은 담뱃갑을 왕창 구겨버렸다. (유기성, 삼신각, 1994)

용례(4a)에서는 실제로 가슴 속에 용암이 끓어 오를 수는 없지만 진정이 안되는 마음을 비유적으로 표현하고 있으며 용례(4b)에 있어서도 무엇인가가 끓어오른다는 표현으로 감정을 나타내고 있다.

(5) a. 휴식 시간 동안 다비는 혼자 로비에서 기분을 가라앉혀야 했다. 이렇게 부글부글 타오르는 기분으로 다른 사람들과 얼굴을 맞댈 수는 없었다. (민해연, 영언문화사, 2001)

b. 박노인은 어릴 때 사람들에게 이 놀림을 받으면, 어린 가슴에도 부글부글 부아가 치밀어 오곤 했습니다. (손동인, 창작과비평사, 1989)

용례(5)에서는 무엇인가 끓어오르는 구체적인 상황은 나타내고 있지 않으며 사람의 감정·심리로의 의미확장을 나타내고 있다.

이상과 같이 「부글부글」은 용례(3)에서는 공간적, 시간적 근접성에 의한 환유(metonymy)에 의해 청각에서 시각으로 의미가 확장하고 있으며 용례(4)를 거쳐 용례(5)에서는 실제로 가슴속에서 무엇인가가 끓어오를 수는 없지만 액체가 끓어오르는 모습에서 은유(metaphor)에 의해 사람의 감정이 착잡하거나 언짢은 생각이 뒤섞여 자꾸 마음이 들볶이는 모양 혹은 심리 상태로 의미가 확장하고 있다.

2.2. 촉각을 나타내는 오노마토피어의 의미확장

청각과 촉각, 시각에서 비유표현으로의 의미확장을 보이는 용례는 「꽁꽁, 콜콜, 쿨쿨, 딱딱, 땅땅, 땡땡, 떵떵, 살강살강, 잘박 …」 등이 있고 대부분 촉각에서 시각, 비유표현으로의 의미확장이 나타난다. 촉각의 경우 「단단함, 거침, 습기, 점성, 통증」 등의 다양한 의미영역으로 분류가 가능한데 본 절에서는 각 의미영역의 용례가 어떤 양상의 의미확장을 보이고 있는지 살펴보기로 한다.

2.2.1. 단단함에서 엄격함으로 : 딱딱

먼저 단단함을 나타내는 「딱딱」은 단단한 물건이 부딪히는 소리에서 사물의 질감 그리고 추상적인 비유표현으로 의미가 확장하고 있다.

(6) a. 첼로 연주는 너무나 완벽하다. 그는 음악에 맞추어 자신의 이를 브딪쳐 딱딱 소리를 내려 애쓴다. (김현영, 창작과비평사, 2000)

b. 법이 뭔지 알아? 별거 아냐. 국회의원들이 모여서 방망이 세 번 딱딱 두들기면 법이야. 대부분 법은 돈 때문에 생기는 거야. (최인석, 문학과지성사, 2001)

c. "자, 그럼 시작할까요?" 그는 손뼉을 딱딱 치며 자리에서 일어났다. (민해연, 영언문화사, 2001)

용례(6)에서는 딱딱한 물건이 부딪혀서 나는 소리를 「딱딱」이 나타내고 있으며 이는 환유(metonymy)에 의해 청각에서 시각으로 의미가 확장하고 있다. 즉 용례(6a)에서는 직접적으로 이를 부딪히는 소리라고 언급하고 있지만, 용례(6b)(6c)의 경우는 방망이를 두드리는 소리, 손뼉을 치는 소리와 동시에 모습까지 나타내고 있는데 이는 공간적, 시간적 근접성에 의한 환유(metonymy)에 의해 청각에서 시각으로 의미가 확장한다고 볼 수 있다.

아래의 용례(7)의 경우 용례(6)에서 두 물건이 부딪혀 나는 소리에서 연상된 이미지가 은유(metaphor)에 의해 물건이나 상황이 빈틈없이 맞닿거나 들어맞는 모양으로 의미가 확장하고 있다.

(7) a. 어머니가 곧잘 하는 말대로 세상은 아귀가 딱딱 맞아떨어지는 에누리 없는 세상인 것만은 분명하다. (공선옥, 문학과지성사, 2002)

b. 이불은 정확히 접히고 각이 딱딱 맞아야 하며 위아래 순서도 원래 그대로여야 한다. 운전도 마찬가지다. (이명훈, ㈜문학사상, 2004)

용례(7)에서는 물건이나 상황이 다 빈틈없이 맞닿거나 들어맞는 모양을 나타내고 있는데 이는 물건이 부딪혀 나는 소리에서 연상된 이미지가 은유(metaphor)에 의해 의미가 확장하고 있다고 볼 수 있다.

아래의 용례(8)에서는 용례(6)에서 두 물건이 부딪혀 나는 소리에서 연상된 이미지가 은유(metaphor)에 의해 물건의 질감을 나타내는 표현으로 의미가 확장하고 있다.

(8) a. 나 하는 짓이 늘 이렇지, 뭐. 나는 짧게 한숨을 쉬고 딱딱하게 뭉친 어깨를 주무르며 일어섰다. (이혜경, 문학과지성사, 2002)

b. 그저 찾는 것도 없이, 머리맡을 어물어물 더듬는다. 손에 딱딱한 물건이 잡힌다. 부채다. 문간에서 기척이 난다. (최인훈, 문학과지성사, 1976)

용례(8)에서는 어깨와 부채의 촉감이 딱딱한 구체적인 감촉을 나타내고 있다. 이에 비해 아래의 용례(9)에서는 비유표현으로 의미가 확장되고 있다.

(9) a. 이야기를 듣는 경우는 별로 없다. 설명이 적혀 있는 안내판을 보아도 딱딱하고 지루하기만 하다. 단순한 사실들만 평면적으로 나열해놓았을 뿐, 정작 거기에 얽힌 ... (김찬호, 문학과지성사, 2001)

b. 그는 남들보다 일찍 퇴근하는 성실한 가장이다. 업무에서 벗어나면 일을 놓듯 딱딱한 정장이나 양복은 벗어버린다. 편안하고 베이식한 면바지에 단출한 니트, 면티에 걸쳐 ... (중앙일보 J&P, 중앙일브 J&P, 2000)

c. 「두 분은 친구 사이가 아니었던가요?」 거기서 남경사가 약간 딱딱한 목소리를 냈다. 무언가 상식과 잘 맞아떨어지지 않는 부분이 있었기 때문이었다. (이문열, 민음사, 1989)

용례(9)에서는 실제로 안내판의 설명이나 정장·양복, 목소리 등이 굳고 단단한 구체적인 감각이 아니라 안내판의 설명과 정장이나 양복이 주는 느낌 그리고 목소리의 느낌이 부드러운 맛이 없이 엄격하다고 하는 은유(metaphor)를 통한 비유표현이 사용되고 있다. 즉 용례(8)에서와 같은 구체적인 촉감에서 용례(9)의 추상적인 비유표현으로 의미가 확장하고 있는 것이다.

2.2.2. 거침에서 까칠함으로 : 까칠

아래의 용례(10)의 「까칠」은 거친 촉감을 나타내는 감각에서 시각, 비유표현으로 의미확장이 나타나는 경우이다.

(10) a. '보송보송'이라는 별명으로 불리던 동그스름한 얼굴이, 연일 계속되는 야근으로 까칠하고 푸석했다. (이혜경, 문학과지성사, 2002)

b. 자세히 보니 날개가 부러져 있었습니다. 뼈만 앙상하고 털은 까칠한 게, 그렇게 쓰러져 여러 날을 아무것도 못 먹고 있었던 모양이에요. (김서정, 문학과지성사, 2001)

용례(10)에서의 「까칠」은 피부와 동물의 털이 메말라 윤기가 없고 거친 촉감을 나타내고 있다. 이에 비해 아래의 용례(11)의 경우는 구체적인 촉감과 동시에 시각적으로 전체적인 이미지를 나타내기도 한다.

(11) 먼 거리에서도 아버지는 오랜 병을 앓고 있는 환자처럼 까칠하고 수척해 보였다. 네 엄마가, 너를 부른다. 어서 들어가봐라. ... (조경란, 문학과지성사, 2001)

용례(10)과 용례(11)이 구체적인 촉각과 시각을 나타내는 데 비해 아래의 용례(12)에서는 추상적인 비유표현으로 사용되고 있다.

(12) a. 달에 1센티미터씩 키가 자랐다. 변성기도 시작됐다. 겨울 방학이 가까워지자 나는 까칠한 얼굴로 맨 뒷자리에 앉아 물끄러미 창밖을 바라보는 날이 많아졌다. (한강, 문학과지성사, 2002)

b. 일 년 전 할머니가 갑자기 돌아가셨다. 그래서인지 요즘에는 아이들이 더욱 까칠해진 것 같았다. 어느 날 그 애들이 가게에 찾아왔길래 ... (좋은생각, 좋은생각, 1999)

용례(12)에서는 아이들의 성격 혹은 심리상태를 「까칠」로 표현하고 있다. 즉 메마르고 거친 감각을 나타내는 구체적인 촉각에서 연상된 이미지가 은유(metaphor)를 통해 사람의 성격이나 심리 상태를 나타내는 비유표현으로 의미가 확장되고 있다.

2.2.3. 습기에서 분위기로 : 촉촉

물기가 있어 젖은 모습을 나타내는 「촉촉」의 경우 청각, 시각, 후각과의 공감각적 표현을 비롯하여 아주 다양한 의미확장 양상을 보여주고 있다.

(13) a. 부드러웠지만 겉은 바삭하게 튀겨진 데다, 화이트와인이 들어갔다는 버터 소스는 부드럽고 촉촉했다. 베이질향이 첨가되어서인지 생선 비린 맛도 전혀 느껴지지 않았다. (김지혜, 영언문화사, 2001)
b. 급히도 달려왔던 모양으로 그렇게 땀을 흘릴 철이 아닌데도 이마와 콧등이 촉촉하게 젖어 있었다. 저것이 중핵교 졸업장만 맡어 놨어도. ... (윤흥길, 문학사상사, 1987)

용례(13)의 「촉촉」은 버터 소스와 이마와 콧등의 촉감을 나타내는 구체적인 감각이라고 볼 수 있다.

(14) a. 속에서 서로의 얼굴을 응시하는 눈빛이 소담스레 교차한다. 오가는 말소리도 왠지 촉촉하고 구수하다. 그리고 아이들에게 정전이 반가운 것은 지겨운 숙제에서 잠시 해방되어 ... (김찬호, 문학과지성사, 2001)
b. 남편의 러브 레터는, 무드 있는 음악을 깔고 그야말로 사랑에 촉촉하게 젖은 목소리로 여자 진행자가 읽어주던 지금까지의 편지들과는 너무나 거리가 멀었다. (좋은생각, 좋은생각, 2000)

용례(14)의 경우 촉각을 나타내는 「촉촉」이 「말소리」「목소리」의 질감을 나타내는 공감각적 표현으로 나타나고 있다.

이는 울만(Ullmann : 1962 pp.211-227)이 언급한 공감각(共感覺)적 비유표현(Synaesthetic metaphors) 중 감각 간의 유사에 근거한 은유(metaphor)라고 볼 수 있다. 즉 감각 간의 유사에 의해서 하나의 감각에서 다른 감각으로의 전이가 일어난다는 것으로「촉촉한 말소리」「촉촉한 목소리」의 경우 촉각에서 청각으로의 감각의 전이가 일어나고 있다.

(15) a. 시간이 조금만 있었더라면 레이아웃을 고치게 해서라도 촉촉한 눈망울의 사진을 키웠을 것이다. 독촉이 턱에 닿을 때까지 원고를 부여안고 ... (이혜경, 문학과지성사, 2002)

b. 남편은 인다의 웃음소리와 부채꼴로 휘어진 속눈썹 그늘 아래 촉촉하던 인다의 눈망울만을 떠올리게 되리라. 그걸 알면서도, 발밑에서 모래가 물살에 쓸려나가는 ... (이혜경, 문학과지성사, 2002)

용례(15)에서 「촉촉」은 촉각에서 시각으로의 의미확장이 나타나고 있는데 「촉촉한 눈망울」의 경우 실제로 눈망울의 촉각을 느끼는 것이 아니라 시각적으로 느껴지는 감각이라고 볼 수 있다. 이 또한 감각 간의 유사에 의한 은유라고 볼 수 있다.

(16) a. 봄 냄새가 기다렸다는 듯이 몰려온다. 계절에도 냄새가 있다. 봄 냄새는 촉촉하고 여름냄새는 후끈하고 가을 냄새는 소슬하며 겨울 냄새는 포근하다. (좋은생각, 좋은생각, 1999)

b. 사랑이란 아카시아꽃 비온 뒤의 촉촉한 풀냄새가 나는 사춘기. 조숙했던 나는 세상이 생긴 이유에서부터 내가 세상을 ... (좋은생각, 좋은생각, 2000)

용례(16)의 「촉촉」은 후각과의 공감각이 나타나고 있는데 「촉촉한 봄냄새」「촉촉한 풀냄새」의 경우 감각 간의 유사에 의한 은유라고 볼 수 있다. 따라서 촉각에서 후각으로의 감각의 전이가 일어나고 있다.

(17) a. 함께 소리내서 낭랑한 목소리로 읽으라"고 당부했다. "시는 삶이 메마르지 않도록, <u>촉촉</u>하게 적셔주는 역할을 합니다. 거친 삶은 의미도 재미도 없습니다." (동아일보사, 동아일보사, 2002)

b. 섬세한 배려는 그 후로도 오랫동안 내 가슴에 남아, 배으로서의 삶에 <u>촉촉</u>한 자양분이 되어주었다. 상대의 마음을 읽는 그의 여유는 세상을 ... (조선일보사, 조선일보사, 2002)

c. 의미 없던 물건들이 어느새 온기를 머금고 있다. 건조하던 집안 구석구석에 <u>촉촉</u>한 기운이 감도는 것도 나의 어머니가 잠시 머물다 갔기 때문이리라. (좋은생각, 좋은생각, 1999)

용례(17)의 경우 「삶을 촉촉하게 적셔준다」「촉촉한 자양분」「촉촉한 기운」이라는 표현은 실제로 느껴지는 촉각이 아니라 「촉촉」이라는 감각에서 연상된 이미지가 은유(metaphor)를 통해 비유표현으로의 의미확장이 나타나고 있다.

이상과 같이 물기가 있어 젖어 있는 촉각을 나타내는 「촉촉」은 청각, 시각, 후각과의 공감각 표현이 나타나기도 하고 비유표현으로의 의미확장이 나타나고 있는 등 은유를 통해 다양한 영역으로의 의미확장을 보여주고 있다.

2.2.4. 점성에서 유대감으로 : 끈끈

끈기가 많아 끈적끈적한 모습을 나타내는 「끈끈」의 경우 구체적인 촉각뿐만 아니라 바람이나 공기에서 느껴지는 습하고 산뜻하지 못한 느낌, 구성원 간의 유대감 등으로 의미가 확장하고 있다.

(18) a. 마흔이 넘어서 기껏 실패가 뭔지 아냐고 묻는 것이다. 눈앞에 불쑥, 끈끈한 줄을 늘어뜨린 거미가 허공에서 그네질을 하는 듯했다. (신장현, 문학과지성사, 2001)

b. 느닷없이 땅바닥에 넘어지는 순간 돌부리에 부딪쳤는지 뒷머리에선 끈끈한 피까지 흐르고 있었다. (손춘익, 창작과비평사, 1980)

용례(18)에서 거미의 줄과 피의 끈적끈적한 느낌을 「끈끈」이 나타내고 있다.

(19) a. 토미 로마 식당의 그 송아지갈비구이와 감자버터구이에 싸구려 캘리포니아 포도주를 마시며 끈끈한 바닷바람과 후끈한 열기 속에서 남십자성의 별빛을 바라보게 되자 나는 그만 ... (윤후명, 문학과지성사, 2001)

b. 짐을 풀기도 전에 나는 욕실에 들어가 길게 샤워부터 했다. 그 끈끈한 공기의 느낌을 빨리 지워내고 싶었다. (윤대녕, 문학과지성사, 2001)

용례(19)에서는 구체적인 감각으로서의 촉각이 아니라 바람이나 공기에서 느껴지는 습기로 인해 산뜻하지 못한 느낌을 「끈끈」이 나타내고 있는데 감각 간의 유사에 의한 은유적 표현이라고 볼 수 있다.

(20) a. 무게 110kg짜리 고무보트를 머리에 이고, 들고, 뛰는 이 훈련은 팀워크를 끈끈하게 다지는 데 최고로 꼽힌다. "내가 편하면 동료들이 힘듭니다. (조선일보사, 조선일보사, 2003)

b. 지난 2년 동안 서울과 춘천을 자유자재로 날아다니며 이들 가족을 끈끈하게 이어준 사랑의 전령사는 바로 'e-메일'이다. (좋은생각, 좋은생각, 2000)

용례(20)에서는 「끈끈」이 팀워크와 가족의 관계가 매우 친밀함을 나타내고 있는데 끈적끈적한 점성을 가진 촉각에서 연상된 이미지가 은유를 통해 팀원들 간의 팀워크와 가족 간의 관계를 나타내는 추상적인 비유표현으로 의미확장하고 있다.

2.2.5. 통증에서 충고로 : 따끔

통증을 나타내는 「따끔」은 찔리거나 꼬집히는 것처럼 아픈 느낌에서 충고나 마음에 큰 자극을 느끼는 비유적인 표현으로 의미확장하고 있다.

(21) a. 모기가 따끔 무는 통에 잠을 깨고 말았다. (국립국어원 표준국어대사전)
b. 준기가 목덜미를 찰싹 때리자 또 한 놈이 종아리를 따끔하게 찔렀다. (김재경, 문학사상사, 2002)

용례(21)에서는 모기에게 물려서 아픈 느낌을 「따끔」이 나타내고 있다.

(22) a. 향긋한 내음과 같이 씁쓸하면서도 휘어감는 맛이 미각을 자극했다. 따끔한 맛이 더욱 혀를 자극했다. 미리는 찻잔을 든 채 창밖에 눈을 ... (구인환, 문학사상사, 1992)
b. "저런 치들은 그냥 둬선 안돼요. 누군가 따끔한 맛을 보여줘야 한다구요." 별생각 없이 튀어나온 말이었다. (하성란, 문학과지성사, 2002)

용례(22a)에서는 실제로 차를 마셨을 경우 혀에 느껴지는 촉각을 「따끔」이 나타내고 있는데 비해 용례(22b)의 경우는 구체적인 감각이 아니라 은유에 의한 비유표현으로서의 「따끔한 맛」이라 할 수 있다.

(23) a. 가식의 탈을 쓴 사람들에게 웃으면서 '똑바로 살라'는 따끔한 충고를 던지는 것. 탈을 만드는 한 총각과 그를 ... (동아일보사, 동아일보사, 2002)

b. 오히려 친구나 자신의 인격 성장에 도움이 못 된다. 내가 던진 따끔한 충고 한마디에 화를 낼 수도 있겠지만, 시간이 지나면 곁에서 지켜본 ... (좋은생각, 좋은생각, 2000)

(24) a. 그녀들 사이에 크고 작은 갈등이 있을 때면 언제나 그랬듯이, 아버지가 따끔하게 고모를 나무라줄 것임을 그녀는 의심치 않고 있었다. (한강, 문학과지성사, 2002)

b. 소장은 자리에서 일어나기 전에 한마디 더 따끔하게 당부했다. "그리구 혹시라두 그 일주일 내에 무슨 일이 ... (우애령, 문학과지성사, 2001)

「따끔」의 경우 용례(23)과 같이 주로 「충고」와 함께 쓰이는 경우가 많으며 용례(24)에서와 같이 「따끔하다」 만으로도 마음에 큰 자극을 받아 각성할 수 있도록 주의를 주거나 당부를 할 경우에 사용하고 있다. 무엇인가에 찔리거나 쏘여서 느끼는 통증을 나타내는 「따끔」이 은유를 통해 충고나 상대방을 나무라는 표현으로 의미확장하고 있다.

2.3. 미각을 나타내는 오노마토피어의 의미확장

미각에서 비유표현으로의 의미확장을 보이고 있는 공감각 오노마토피어로는 「밍밍, 살강살강, 씁쓸, 존득, 존득존득, 졸깃, 졸깃졸깃, 질겅, 질겅질겅, 질근, 질근질근, 쫄깃, 쫄깃쫄깃 …」 등이 있다.

2.3.1. 싱거움에서 허전함으로 : 밍밍

미각을 나타내는 「밍밍」은 음식이 제맛이 나지 않고 싱거운 것에서 마음이 몹시 허전하고 싱거운 것을 나타내는 비유적인 표현으로 의미확장하고 있다.

(25) a. 잔에 담긴 에스프레쏘를 마시고 나는 바가지보다 조금 작은 잔에 담긴 밍밍한 커피를 마시면서 대화를 했다. (성석제, 문학과지성사, 2002)
b. 즙을 마시고 껍질 안쪽의 백색 섬유질을 긁어먹는다. 즙의 맛은 그저 밍밍하지만 갈증을 해소하기에는 그만이며 물과 비교하면 짭짤 달달하기 때문에 생수 먹는 기분과는 ... (유재현, ㈜창비, 2003)

용례(25)에서는 커피나 과일즙의 맛이 묽고 싱거운 것을 나타내고 있는데 이는 아래의 용례(26)과 같이 대화의 주제나 아내와의 관계 등 추상적인 표현으로 의미확장하고 있다.

(26) a. 그 노골적인 경계 앞에서 현순의 첫사랑은 자꾸만 누추해졌다. 밍밍한 이야기 끝에 인사를 하고 나서며, 그토록 사랑하고 존경했던 남자가 이렇게 ... (이혜경, 문학과지성사, 2002)
b. 낯선 타인으로 남아 있지 않았겠냐고 마치 남의 이야기를 하듯 아내와의 밍밍한 관계를 털어놓았다. 그랬구나, 그럴 수도 있는 것이구나. (신장현, 문학과지성사, 2001)

용례(26)에서 「밍밍」은 구체적인 감각인 미각에서 연상된 이미지가 은유(metaphor)를 통한 비유표현으로 의미가 확장되어 첫사랑의 상대와의 이야기 내용 혹은 아내와의 관계가 알차지 않고 허전한 모습을 나타내고 있다.

2.3.2. 쓴맛에서 언짢음으로 : 씁쓸

쓴맛을 나타내는 「씁쓸」의 경우도 미각에서 비유표현으로 의미가 확장하고 있다.

(27) a. 앉으면서, 커피잔을 입으로 가져간다. 수용소에서 마시던 것보다 씁쓸한 맛이 나는 인도 차를, 별미라고 이렇게 가끔 불러서 내놓는다. (최인훈, 문학과지성사, 2001)

b. 곰소염전에서 나온 천일염으로 젓갈을 담가 뒤끝이 씁쓸하지 않다. 새우젓.바지락젓.고노리젓.황석어젓.아가미젓.어리굴젓.꼴뚜기젓 등 모두 15종의 젓갈을 맛볼 수 있다. (중앙일보사, 중앙일보사, 2002)

용례(27)에서는 「씁쓸」이 인도 차와 젓갈의 쓴맛을 나타내고 있다. 아래의 용례(28)의 경우 「입맛」이라고 언급하고 있으나 이때의 입맛은 구체적인 감각으로서의 미각이 아니라 은유(metaphor)를 통한 비유표현이다.

(28) a. 두 번째 받은 질문이지만, 그 질문은 여전히 내 입맛을 씁쓸하게 했다. "……그렇게 생각해본 적은 없어." (한강, 문학과지성사, 2002)

b. 음료수 한 병을 사면서 그 값에 입맛이 씁쓸해지는 경험을 하지 않아도 좋았다. (유재현, ㈜창비, 2003)

용례(28a)에서는 실제로 입맛을 느끼는 미각이 아니라 질문에 대해 느낀 감정이고 용례(28b)의 경우도 실제의 입맛이 아니라 음료수 값이 비싼 것에 대한 감정을 나타낸 것이다.

(29) a. 또 이런 데서 우리의 준법정신이 해이한 一面을 보는 것 같아 씁쓸

하다. 「정원」은 그것을 위반해도 좋다는 그런 미지근한 제도가 아니다. (한국일보 편집부, 한국일보사, 1982)

b. 아내와 아이에게 미안할 뿐입니다"라며 가정을 소홀히 하고 얻은 자신의 성공을 씁쓸해했다. (좋은생각, 좋은생각, 2000)

용례(29)에서는 미각을 나타내는 「씁쓸」이 은유(metaphor)를 통한 비유표현으로 의미가 확장되어 달갑지 아니하여 조금 싫거나 언짢은 느낌을 나타내는 사람의 감정·심리 상태를 나타내고 있다.

2.4. 후각을 나타내는 오노마토피어의 의미확장

후각에서 비유표현으로의 의미확장을 보이고 있는 공감각 오노마토피어로는 「물씬, 물씬물씬, 물큰, 물큰물큰, 뭉클뭉클, 고리타분, 구리터분, 구리텁텁, 구터분, 구텁텁, 굴터분, 굴텁텁, 비릿비릿, 풀풀 …」 등이 있다.

2.4.1. 냄새에서 분위기로 : 물씬

아래의 용례(30)의 「물씬」의 경우 후각에서 시각 그리고 비유표현으로 의미가 확장하고 있다.

(30) a. 필배가 대꾸 없이 쌍순을 앞질러 헛간 속으로 들어간다. 볏짚 냄새만 물씬 풍길 뿐 헛간 안은 캄캄해서 아무것도 볼 수가 없다. (홍성원, 문학과 지성사, 1993)

b. 어린 딸아이의 얼굴에는 여기저기 검댕이 묻어 있고, 멀리서도 그을음 냄새가 물씬 났다. 필경 지난밤도 한데서 도닥불로 지새웠으리

라. (이문열, 민음사, 1984)

용례(30)에서 「물씬」은 볏짚 냄새, 그을음 냄새 등 구체적인 감각인 후각을 나타내고 있다.

(31) a. 마을 전체가 깊은 숲 가운데 자리 잡고 있어서 어디서나 전원적인 분위기를 물씬 느낄 수 있었다. (송영, 창작과비평사, 2003)

b. 역시 몽마르트르(Montmartre)나 니스(Nice)의 어느 언덕을 연상시킬 만큼 프랑스, 그러니까 유럽냄새가 물씬 풍긴다. (유재현, ㈜창비, 2003)

용례(31)에서는 전원적인 분위기 혹은 유럽냄새 등 은유(metaphor)를 통한 비유표현으로 의미가 확장되어 사용되고 있다.

2.4.2. 냄새에서 사람의 성격, 분위기로 : 고리타분

아래의 용례(32)의 「고리타분」은 후각에서 비유표현으로 의미가 확장되고 있다.

(32) 지린내, 연탄내, 김치 냄새 그런 것들이 뒤섞인 고리타분한 냄새에 코를 벌름거리기도 하고 ... (박완서, 세계사, 2012)

용례(32)에서 「고리타분」은 여러 가지 냄새가 섞여 신선하지 않고 역겨운 냄새를 나타내고 있다.

(33) a. 다니거나 일 만드는 것을 즐기지 않는 그런 류의 인물한테선 흔히 고리타분한 냄새가 풍기는 법이다. 하지만 이윤기는 도무지 고리타분한 구석이 없다. (조선일보사, 조선일보사, 2002)

b. 토퍼(Topper)가 리메이크된다. 토퍼는 케리 그랜트와 콘스탄스 베네트가 장난꾸러기 유령으로 나와 고리타분한 은행가 로랜드 영을 골탕먹이는 영화. (한겨레신문사, 한겨레신문, 1999)

용례(33a)에서는 「이윤기」라는 인물에 대해서 설명할 때 「고리타분한 냄새」라는 표현을 사용하고 있는데 이 경우 실제 냄새가 아니라 그 사람이 풍기는 분위기를 나타내고 있으며 「고리타분한 구석」이라고 표현할 경우 사람의 성격을 나타내고 있다. 용례(33b)에서도 「고리타분」은 은행가 「로랜드 영」의 성격을 설명하고 있다. 냄새를 나타내는 「고리타분」이 비유표현으로 의미확장하고 있는 과정을 나타내고 있다고 볼 수 있다.

(34) a. 문화의 단절은 골이 점점 깊어지고, 옛글은 자꾸 고리타분하게만 보인다. 한자만 나오면 고개를 절레절레 흔드는 대학생들에게 나는 한문학을 강의한다. (한겨레신문사, 한겨레신문사, 2001)

b. 사람들이 급격히 변하고 시대 조류도 변했지만, 기존의 낡고 고리타분한 관습들과 제도들은 여전히 유지되어 변화하는 시대에 제동을 걸고 삐걱거리는 것은 ... (이은희, 궁리출판, 2002)

용례(34)에서는 옛글 한문학과 기존의 관습들과 제도들이 새롭지 못하고 답답한 상태를 「고리타분」으로 표현하고 있다. 냄새를 나타내는 「고리타분」은 은유(metaphor)를 통한 비유표현으로 의미가 확장되어 사람의 성격, 분위기가 새롭지 못하고 답답한 상태를 나타내는 표현으로 의미확장하고 있다.

Korean and Japanese Synaesthetic Onomatopoeia-
From Sense to Emotion·Psychology

일본어 공감각(共感覺) 오노마토피어의 의미확장 패턴

03

3.1. 소리를 나타내는 오노마토피어의 의미확장

3.2. 촉각을 나타내는 오노마토피어의 의미확장

3.3. 미각을 나타내는 오노마토피어의 의미확장

3.4. 후각을 나타내는 오노마토피어의 의미확장

03
일본어 공감각(共感覺) 오노마토피어의 의미확장 패턴

3.1. 소리를 나타내는 오노마토피어의 의미확장

일본어 오노마토피어 중 청각과 시각이 동시에 나타나는 예는 「あーん、あっぷあっぷ、うおーん、うっ(と)、うわーん、うんうん、おんおん、がさっ(と)、がしゃっ(と)、かたかた、がたがた、かちん …」 등이 있다. 청각을 나타내는 오노마토피어는 대부분 시각과 동시에 나타나고 있다.

3.1.1. 덜컹거리는 소리에서 흔들리는 모습으로 : かたかた

「かたかた」는 물건이 덜컹거리는 소리에서 물건이 떨리거나 흔들리는 모습으로 의미가 확장하고 있다.

(1) a. いかがわしげな香と、黴の匂い。かたかたと鳴っているのは、たぶんどこかの部屋の開けっぱなしの窓だろう。(サディスティックアクア 集英社 1998)

b. テーブルの食器がカタカタと音を立てる。見るとマリアの脚が小刻みにふるえていた。(北緯50度に消ゆ 新潮社 1990)

c. 扇風機がカタカタと鳴り、私の髪に風を送った。(夢のかたみ 集英社 2002)

용례(1a)의 경우 보이지 않는 상태에서 창문이 덜컹거리는 소리를 듣게 되는 상황이므로 청각만을 나타낸다고 볼 수 있다. 이에 비해 용례(1b)(1c)의 경우는 식기와 선풍기가 덜컹거리는 소리와 모습을 동시에 나타낸다고 볼 수 있다.

(2) a. 小さな口はカタカタと震え、大きな瞳からは今にも涙が溢れそうだった。(エスケープ！文芸社 2005)

b. 中でかたかた動かないように下部に詰め物をするといいでしょう。(花時間 角川書店 2004)

용례(2)의 경우 청각보다는 시각을 나타낸다고 볼 수 있다. 용례(1)이 청각과 시각을 동시에 나타내고 있음에도 청각 쪽의 이미지가 강한데 비해 용례(2)는 소리보다는 모습을 나타낸다고 볼 수 있다. 입이 떨리는 모습과 상자 안에서 물건이 덜컹거리는 모습을 「かたかた」로 표현하고 있다. 이 경우 공간적, 시간적 근접성에 의한 환유(metonymy)에 의해 청각에서 시각으로 의미가 확장하고 있다.

3.1.2. 덜컹거리는 소리에서 조직의 와해로 : がたがた

「がたがた」는 물건이 부딪히는 소리와 모습에서 사람이 불평하는 모습, 사람의 신체가 떨리는 모습, 그리고 은유(metaphor)를 통한 비유표현으로 어떤 조직이나 체계가 무너지는 모습 등으로 의미가 확장하고 있다.

(3) a. 家中のあらゆる物が、ガタガタと激しい音をたてていた。(空を失くした日 中央公論社 1996)

b. それから、両手で窓ガラスを叩いた。ガラスががたがたと音を立てて揺れた。(ミステリー 扶桑社 1994)

c. バンコクを飛び立ったカンボジアロイヤルエアのプロペラ機は真っ直ぐ東に進む。がたがた揺れる機体の中では放っておくとコップのジュースこぼれてしまう。(わがままなアジア 有学書林 2001)

용례(3a)(3b)에서는 집안의 물건이 부딪히는 소리나 유리창을 두드릴 때 나는 소리와 그 모습을 동시에 나타내고 있다. 즉 공간적, 시간적 근접성에 의한 환유(metonymy)에 의해 청각에서 시각으로 의미가 확장하고 있다. 용례(3c)의 경우는 비행기의 기체가 흔들리는 모습으로서 이때는 소리보다는 비행기가 흔들리는 모습을 나타낸다고 볼 수 있다.

(4) a. 何だか百円位でガタガタ言うのは印象が悪いかなぁ~とも思ってしまうのですが…(Yahoo!知恵袋 Yahoo! 2005)

b. それともこれぐらいのことでがたがた言うべきではないのでしょうか?親としてはとても心配ですよね。(星の輝き アカデミー出版 1995)

용례(4)의 경우 물건이 부딪히는 소리에서 연상된 이미지가 사람이 불평을 늘어놓는 모습으로 의미확장하고 있다.

(5) a. 何より冷たかった。即座に全身が冷え、足はがたがたと震えた。(わがままなアジア 有学書林 2001)

b. マイクを持つ手もガタガタ震え、言葉も容易に口を出て来ない街頭演説。(この町が好きだから さいたま「マイブック」サービス 2001)

용례(5)의 경우 신체의 일부가 떨리는 모습을「がたがた」로 표현하고 있는데, 용례(5a)의 경우 추위 때문에 몸이 떨리는 경우이며 용례(5b)의 경우는 긴장 때문에 마이크를 잡은 손이 떨리는 경우이다. 이 경우는 청각보다는 떨리는 모습을 나타내는 시각의 이미지가 강하다고 볼 수 있다.

(6) a. 何か一つ事が起こるとガタガタと崩れてしまいます。(儲ける会社·損する会社·消える会社 幻冬舎 2003)

b. その余波を食い、アメリカの企業はガタガタになって、リストラの嵐が巻き起こり、人材の激しい流動が生じて混乱した (21世紀に勝ち残るITスピード経営 経済界 2001)

c. アフリカを見てみろ、中南米もがたがただ、中近東だってろくな状態ではない(「No」と言える日本 光文社 1989)

용례(6)의 경우는 실제로 구체적인 사물이 부딪히거나 무너지는 경우가 아니라 추상적인 표현으로 쓰이고 있다. 즉 용례(6a)의 경우 어떤 조직이나 체계가 무너지는 것을 나타내고 있으며 용례(6b)의 경우 미국 기업에 구조조정 광풍이 몰아치는 혼란스러운 상황을 나타내고 있으며, 용례(6c)의 경우는 중남미 국가의 상태를「がたがた」로 나타내고 있다. 즉 용례(3)에서 물건이 부딪히는 모습에서 연상된 이미지가 용례(4)에서는 사람이 불평을 늘어놓는 모습으로 용례(5)에서는 추위나 긴장으로 인해 사람의 신체가 떨리는 모습으로 그리고 용례(6)에서는 물건이 흔들리다가 부서지는 모습을 거쳐 조직이나 체계가 무너져 버린 상태라고 하는 추상적인 의미로 확장되어 간다.

3.1.3. 구르는 소리에서 물건이 흩어져 있는 모습, 빈둥거리는 모습으로 : ごろごろ

「ごろごろ」의 경우 천둥소리, 고양이가 목을 울리면서 가르릉거리는 소리, 크고 묵직한 물건이 굴러가는 소리 혹은 모습, 그리고 많은 물건들이 여기저기 흩어져 있는 모습을 나타내고 있다. 또한 물건이 흩어져 있는 모습에서 연상된 이미지가 비유적으로 흔해빠진 모습을 나타내기도 하고 사람이 빈둥거리는 모습으로 의미확장하기도 한다.

(7) a. 霧の中から一郎の兄さんの声がしました。雷もごろごろ鳴ってゐます。(風の又三郎 朝日新聞社 1989)
b. 昼頃にはおなかが張って腸の中がごろごろ鳴り出します。(Yahoo!知恵袋 Yahoo! 2005)

용례(7)에서는 「ごろごろ」가 천둥소리가 울리는 소리와 뱃속이 꾸르륵거리는 소리를 나타내고 있다.

(8) a. 猫はカサンドラの気持ちなど意に介さず、うれしそうに喉をごろごろ鳴らした。(甘い屈辱 ハーレクイン 2005)
b. 下宿にかえったのは、かれこれ夕方でした。おばさんの猫がのどをごろごろいわせてまとわりついてきます。(学園連続殺人事件 ポプラ社 1986)

용례(8)에서는 「ごろごろ」가 고양이 목에서 나는 가르릉거리는 소리를 나타내고 있는데 용례(7b)의 장속 소리와 유사한 소리로 볼 수 있다.

(9) a. 注入後はすぐに、寝たまま身体をごろごろと一回転するのを、

五回繰り返させられた。(十四年十回のがん手術を生き抜いて 光文社 2004)

b. しっかり固定されていないと、時化のときにベッドが部屋中をごろごろ転がることになる。(プラチナ·ビーズ 集英社 2001)

용례(9)에서는 「ごろごろ」가 크고 묵직한 물건이 구르는 모습을 나타내고 있는데 용례(9a)에서는 신체를 회전시키는 모습을, 용례(9b)에서는 폭풍우 속에서 침대가 방안에서 구르는 모습을 나타내고 있다. 이 경우 공간적, 시간적 근접성에 의한 환유(metonymy)에 의해 청각에서 시각으로 의미가 확장하고 있다.

(10) a. 今日行った山は、最後の斜面が急だったわ。岩がごろごろして」「ああ、あそこは私もよく知っているよ。(医師·登山家今井通子 理論社 1997)

b. わしらの子供のころ一大正末年から昭和初年一は海へゆくとウニがごろごろしていて、だれも食べられるものだとは知りませんでしたな。(甲賀と伊賀のみち、砂鉄のみち 朝日新聞社 2005)

용례(10)에서는 산에 바위가 여기저기 흩어져 있는 모습과 바다에 성게가 여기저기에 많이 있는 모습을 나타내고 있다. 이는 물건이 구르는 모습을 나타내는 「ごろごろ」에서 연상된 이미지로 물건들이 구른 결과 여기저기 흩어져서 많이 있는 모습으로 의미확장되었다고 볼 수 있다.

(11) a. 外国語でものすごく立派な論文を書けるのにその言語を全く喋れない人なんてごろごろいるじゃないですか。(Yahoo 知恵袋 Yahoo! 2005)

b. オイラがガキの頃は、職人というのは周りにごろごろしていた。(やっぱり私は嫌われる 新潮社 1991)

c. 周囲にはマルチ商法によって消費者をえじきにしようとする企業がごろごろしている、そういう印象になるわけであります、(国会会議録 1976)

용례(11)에서는 「ごろごろ」가 어떤 현상이나 사물을 흔하게 볼 수 있는 모습을 나타내고 있는데 용례(11a)에서는 외국어로 훌륭한 논문을 쓰지만 그 언어를 말할 수 없는 사람이 많이 있다는 것을 나타내고 있으며 용례(11b)에서는 자신이 어렸을 무렵에는 장인들이 주위에 많이 있었다는 것을 나타내고 있다. 또한 용례(11c)에서는 소비자를 희생물로 삼는 나쁜 기업들이 많이 존재하고 있다는 것을 나타내고 있다. 이 경우 용례(11b)에서처럼 실제로 주변에 장인들이 많이 존재해서 눈으로 볼 수 있었을 수도 있으나 용례(11a)(11c)처럼 직접 눈으로 확인할 수 없는 추상적인 내용인 경우 은유(metaphor)를 통한 비유표현으로 볼 수 있다. 즉 물건들이 여기저기 많이 흩어져 있는 모습에서 연상된 이미지가 어떤 현상이 많이 발생한다는 추상적인 표현으로 의미확장하고 있는 것이다.

(12) a. 今日はパジャマディということで、お天気も悪いので、家でごろごろしていたのですが、少し晴れた！(Yahoo!ブログ Yahoo! 2008)

b. 「こんなにいつまでもベッドでごろごろしてるのは生まれて初めてよ。わたしらしくもない。(奇跡の贈り物 ハーレクイン 2001)

용례(12)에서는 「ごろごろ」가 아무것도 하지 않고 시간을 보내는 모양, 빈둥거리는 모습을 나타내고 있다. 이 또한 물건들이 여기저기 흩어져 있는 모습에서 연상된 이미지가 은유(metaphor)를 통해 사람이 빈둥거

리는 모습을 나타내는 비유표현으로 의미가 확장되고 있다.

3.2. 촉각을 나타내는 오노마토피어의 의미확장

일본어 오노마토피어 중 청각과 촉각, 시각이 동시에 나타나는 예는 「かさかさ、がさがさ、かちかち、がちがち、からから、かりかり、ぎしぎし、こちこち、ごちごち、こりこり、ごりごり、ばさばさ、ぱさぱさ …」 등이 있다. 촉각의 경우 「단단함, 거침, 습기, 점성, 통증」 등의 다양한 의미영역으로 분류가 가능한데 본 절에서는 각 의미영역의 용례가 어떤 양상의 의미확장을 보이고 있는지 살펴보기로 한다.

3.2.1. 부딪히는 소리·단단함에서 긴장감·엄격함으로 : がちがち

「がちがち」의 경우 이빨 혹은 단단한 물건이 부딪혀서 내는 소리에서 음식이나 물건이 딱딱하게 굳거나 얼어 있는 모습 그리고 조직이나 사람이 엄격하고 긴장된 분위기를 나타내는 비유표현으로 의미확장하고 있다.

(13) a. ティウリは、寒さで歯がガチガチ鳴り、手足の感覚がなくなった。(王への手紙 岩波書店 2005)

b. 手にした拳銃の撃鉄がガチガチと音を立てて引き起こされる。(ウルフガイ魔界天使 角川書店 1986)

위의 용례(13)에서 「がちがち」는 추위로 이빨이 부딪혀서 나는 소리, 권총의 격철(撃鉄)이 내는 소리 등 딱딱한 물건이 서로 부딪혀서 나는 소리를 나타내고 있다.

(14) a. ふつうのブレーキは踏み続ける限り車輪をガチガチに固めて（突っ張り続けさせて）ロックしてしまいますが、(デジタル家電が子どもの脳を破壊する 講談社 2005)

b. 背中と腰はがちがちだし、脚の筋肉は張ってぱんぱん。(天と地の娘 角川書店 2003)

위의 용례(14)의 경우 차바퀴나 등, 허리 등이 딱딱하게 굳은 모습을 「がちがち」가 나타내고 있다. 즉 딱딱한 물건이 부딪혀서 나는 소리에서 연상된 이미지가 공간적, 시간적 근접성에 의한 환유(metonymy)에 의해 사물이나 신체의 일부가 딱딱한 모습을 나타내는 촉각으로 의미확장하고 있다.

(15) a. チーム全員緊張でガチガチ…もう完全にロボット状態でして。。。(Yahoo!ブログ Yahoo! 2008)

b. 両親が厳格でねーガチガチのプロテスタント。(クッキング·ママの鎮魂歌 集英社 2005)

c. 僕なんて、ガチガチのハイテク人間で、メタリックなイメージがありますから。(With t/小室哲哉音楽対論 幻冬舎 1996)

위의 용례(15a)의 경우 팀 전원이 긴장해서 로봇처럼 된 상태, 용례(15b)의 경우 양친의 엄격한 성향, 용례(15c)의 경우도 부드럽지 못하고 딱딱한 사람의 이미지를 「がちがち」가 나타내고 있다. 용례(14)에서 구체적인 감각으로서 딱딱한 촉각을 나타내는 「がちがち」가 용례(15)에서는 추상적인 비유표현으로 의미확장되어 긴장감이나 엄격함 혹은 사람에 대한 이미지를 나타내고 있다.

이와 같이 「がちがち」는 딱딱한 물건이 부딪혀서 나는 소리에서 물

건이나 신체가 딱딱하게 굳은 모습 그리고 은유(metaphor)를 통한 비유 표현으로 어떤 조직이나 사람이 부드럽지 못하고 엄격하고 딱딱한 모습 등으로 의미가 확장하고 있다.

3.2.2. 웃음 소리에서 거침·건조함으로 : からから

웃음소리를 나타내는 「からから」는 웃음소리뿐만 아니라 웃는 모습, 그리고 딱딱한 물건이 부딪혀서 나는 소리, 모습을 나타내고 있다. 이러한 소리에서 연상된 이미지가 물건이 말라서 건조한 모습까지 나타내게 된다.

(16) a. 船の舳先にたった世之介は 「たとえ腎虚となって、そこの土になるとも、それこそ一代男の願いの道だ」といって、カラカラ 笑っています。(世界一の長寿食 永山久夫 1994)

b. 小さな映画館の中にいます。客席にほかに人の姿はなく、ぼく一人がスクリーンの前に座っています。カラカラとフィルムが巻かれる音がして、なんだか記録映画のようなモノクロの映像が映し出されました。(ウサニ 幻冬舎 2003)

c. その車輪が回る。カラカラと乾いた音を立てて回る。(オバケヤシキ 光文社 2005)

용례(16a)의 「カラカラ」는 웃음소리 혹은 웃는 모습을 나타내고 있으며 용례(16b)의 「カラカラ」는 필름이 감기는 소리를 그리고 용례(16c)에서는 수레바퀴가 돌아가는 소리를 나타내고 있다. 이 경우 소리를 나타낼 수도 있으며 소리가 나는 모습을 나타낼 수도 있다. 즉 용례(16)에서는 공간적, 시간적 근접성에 의한 환유(metonymy)에 의해 청각과 시각이 동시에 나타나고 있는 것이다. 이 때 「カラカラ」가 나타내는 감각은 용례

(16c)「カラカラと乾いた音」에서 구체적으로 지시하고 있듯이 청각과 촉각을 동시에 표현하는 공감각(共感覺) 표현이다. 이러한 공감각(共感覺)적 요소는 아래의 용례(17)에서는 완전히 건조한 감각만을 나타내게 된다.

(17) a. 塩漬けにする時は、カラカラに乾くまで水分を抜いても使用できるのでしょうか？釣果はどうでしょうか？半生がいいです。半生で冷凍すれば、半年くらいは持ちます。(Yahoo!知恵袋 Yahoo! 2005)

b. ただし茶がらに水分が残っているとカビの原因になるので、必ずカラカラになるまでよく乾かしてから使いましょう。(おいしいお茶、いれよ。扶桑社 2001)

용례(17)에서는 「カラカラ」가 수분이 없이 건조한 모습을 나타내고 있다. 즉 용례(16)에서 웃음소리와 물건이 부딪히는 소리에서 연상된 건조한 이미지가 은유(metaphor)에 의해 건조함을 나타내는 촉각으로 의미가 확장하고 있다.

(18) a. だが少しずつ意識がはっきりしてきた。喉がからからに乾いている。水をもらって飲んだ。(ダンとアン めるくまーる 2002)

b. ジェーンの口の中はからからになり、唇も乾ききっていた。(野蛮な誘惑 ハーレクイン 2003)

용례(18)에서는 「からから」가 목이나 입이 마른 모습을 나타내고 있다. 이 경우는 촉각 혹은 내부감각이라고도 할 수 있다.

(19) ただ、恭子は、その後ろ姿を眺めながら、心が騒ぎだすのを感じていた。からからに乾ききっていた心が、微かに湿りだすのを感

じていた。(変身 鳥影社 2003)

용례(19)의 경우 마음 혹은 심장이 말라버릴 수는 없기에 이 경우는 은유(metaphor)에 의한 비유표현으로 볼 수 있다. 즉 용례(18)에서는 구체적인 감각을 나타내고 있지만 용례(19)에 이르러서는 실지적인 감각이 아니라 심리적으로 느끼는 비유표현으로 의미가 확장되고 있다.

3.2.3. 습기에서 분위기로 : しっとり

「しっとり」의 경우 수분을 머금은 촉촉한 모습을 나타내는 촉각에서 조용하고 차분한 분위기를 나타내는 비유표현으로 의미확장하고 있다.

(20) a. ラムレーズンとショコラの焼き菓子です。しっとりしてて美味しいのよ~ (Yahoo!ブログ Yahoo! 2008)

b. 湯上がり後の肌はスベスベかつしっとりしていて、効能の高さを改めて実感できる。(北東北 昭文社 2005)

c. 乾燥する季節はしっとりしたナイトクリームとセットで使いたい。(美的(BITEKI) 小学館 2004)

용례(20)에서 「しっとり」는 「ラムレーズンとショコラの焼き菓子」「肌」「ナイトクリーム」 등이 촉촉하고 부드러운 구체적인 촉감을 나타내고 있다.

(21) a. 彼女は自分の脇を指した。人が変わったように、しっとりとしめった優しい声である。(新幹線殺人事件 光文社 2004)

b. モレーナたちの肌はしっとりとした黒檀色で、黒くかがやく瞳を持ち、そして笑うと真珠の歯が (地の涯幻の湖 徳間書店 1937)

용례(21)에서는 「しっとりとしめった優しい声」「しっとりとした黒檀色」 등 촉각을 나타내는 「しっとり」가 사람의 목소리와 색깔까지 표현하는 공감각(共感覺) 표현으로 나타나고 있다.

(22) a. ヒロの町自体がしっとりとした雰囲気を持っているが、ここはヒロの中で最も落ちついた場所 (アロハ·エア シンコーミュージック·エンタテイメント 2005)

b. 雨上がりの宿場町は、しっとりと落ち着いた佇まいでした。(Yahoo!ブログ Yahoo! 2008)

용례(22)에서는 「しっとり」가 비유표현으로 의미확장되어 안정되고 차분한 마을의 분위기를 나타내고 있다.

3.2.4. 점성에서 인간관계로 : どろどろ

「どろどろ」의 경우 점성이 있는 상태의 촉각 그리고 진흙투성이의 더러운 모습을 나타내는 표현에서 조직의 내부나 인간관계가 엉망진창이 되어버리는 비유표현으로 의미확장하고 있다.

(23) a. 離乳食は、ドロドロした状態の物で、離乳期に入った子犬に使います。(ボーダー·コリーと暮らす7つのカギ 誠文堂新光社 2004)

b. その結果血液中の水分が減り、どろどろ血液になって血栓ができ、血管を詰まらせやすくなるそうです。(Yahoo!知恵袋 Yahoo! 2005)

용례(23)의 「どろどろ」는 이유식이 점성이 있는 상태와 혈액이 맑지 않고 끈적끈적한 상태가 되어 혈전이 생기기 쉬운 상태를 나타내고 있다.

(24) a. 無事十三時半には帰宅。どろどろの自転車を洗って洗濯してシャワー浴びて自由が丘にお花見宴会に乱入。(Yahoo!ブログ Yahoo! 2008)

b. 人が見つけて、家まで連れてきてくれたそうです。下半身はドロドロになっているのに「私どうしたのかしら、家がどこだかわからない (痴呆症はここまで良くなる 大月書店 1995)

용례(24)에서는 「どろどろ」가 자전거와 사람의 하반신이 더러워진 모습을 나타내고 있는데 이는 점성이 있는 진흙 같은 것이 자전거와 몸에 붙어 더러워진 모습이라고 볼 수 있다.

(25) a. どろどろとしたビジネス街の中に自浄作用の働く空間がある。(女性がひらくネット新時代 岩波書店 2004)

b. スマートな恋を求めるため、ドロドロとした関係は苦手。(恋と結婚運 主婦と生活社 2004)

용례(25)에서는 「どろどろ」가 공정하지 못한 비즈니스 세계, 깔끔하지 못하고 질척질척한 인간관계를 나타내는 비유표현으로 의미확장하고 있다.

이와 같이 「どろどろ」는 점성이 있는 액체의 촉감을 나타내는 촉각에서 진흙투성이 같은 더러워진 모습 그리고 은유(metaphor)를 통한 비유표현으로 어떤 조직 내부가 공정하지 못하고 엉망진창인 모습과 인간관계가 깔끔하지 못하게 얽혀 있는 모습 등으로 의미확장하고 있다.

3.2.5. 진동·통증에서 긴장감으로 : ぴりぴり

「ぴりぴり」의 경우 두 가지 방향으로 의미확장이 나타나고 있다. 먼

저 날카로운 소리를 나타내는 청각에서 연상된 이미지가 진동을 나타내는 촉각으로 의미확장이 나타나고 있으며 매운 맛을 나타내는 미각과 통증을 나타내는 촉각으로 의미확장이 나타나고 있다. 또한 은유(metaphor)를 통해 긴장감을 나타내는 비유표현으로까지 의미확장하고 있다.

(26) a. やがて船長がピリピリと笛を鳴らすと、気笛のひもがひっぱられ、ボーボーと鳴った。(甲賀と伊賀のみち、砂鉄のみち 2005)
b. ピリピリと笛の音、警官の掲げた銀色の手錠、何度も瞬くフラッシュ。(修道女マリコ 扶桑社 1994)

용례(26)에서 「ぴりぴり」는 피리 소리를 나타내는 청각으로 나타나고 있다. 날카로운 소리에서 연상된 이미지는 아래의 용례(27)에서와 같이 물건이 미세하게 떨리는 진동을 나타내는 촉각으로 의미확장하고 있다.

(27) a. 紙片を持った手がぴりぴり顫えている。(陰獣 光文社 2005)
b. 一ほら、葉っぱが、ぴりぴり震えるだろ、ほら、見てろ (ともかく道づれ 創風社 2002)

용례(27)에서는 종이조각을 쥔 손과 나뭇잎이 미세하게 떨리는 모습을 「ぴりぴり」가 나타내고 있다.

한편 「ぴりぴり」는 신체가 느끼는 통증을 나타내는 촉각과 매운 맛을 느끼는 미각으로도 의미확장이 일어나고 있다.

(28) a. なにやら喉がピリピリと痛いような…鼻も詰まってきたような… (Yahoo!ブログ Yahoo! 2008)

b. 風の強さは倍にも感じられた。そのせいで、頬がピリピリと痛かった。(金田一温泉殺人事件 講談社 2000)

(29) a. 美味しさを通り越して辛さが全面に…未だに口の中はピリピリしています (Yahoo!ブログ Yahoo! 2008)

b. 豚味噌が辛くてピリピリです (Yahoo!知恵袋 Yahoo! 2005)

용례(28)에서 「ぴりぴり」는 감기 때문에 목이 따금거리며 아픈 촉각과 강한 바람으로 뺨에 통증이 느껴지는 촉각을 나타내고 있다. 이처럼 피부의 자극을 나타내는 촉각은 용례(29)에서는 매운맛을 느끼는 미각으로 의미확장이 나타나고 있다. 용례(29)에서는 입 안이 얼얼할 정도의 매운 맛을 「ぴりぴり」가 나타내고 있다.

(30) a. どうやらあなたの中には、ピリピリした空気を柔らかくする不思議な力が隠れているみたい。(Yahoo!ブログ Yahoo! 2008)

b. いつのまにか、ちょっとぴりぴりしていた部屋の雰囲気もなごんでいた。(ミニモニ。におまかせっ！ 竹書房 2003)

위의 용례(30)에서는 날카로운 소리, 진동, 통증, 매운 맛을 나타내는 「ぴりぴり」가 은유(metaphor)를 통해 신경이 곤두서거나 긴장감을 나타내는 비유표현으로 의미확장하고 있다.

3.3. 미각을 나타내는 오노마토피어의 의미확장

일본어 오노마토피어 중 미각에서 비유표현으로의 의미확장을 보이

고 있는 공감각 오노마토피어로는 「あっさり、こっくり、さっぱり、ほくほく、ほやほや」 등이 있다.

3.3.1. 산뜻한 맛에서 사람의 성격, 일반부사로 : あっさり

「あっさり」의 경우 산뜻한 맛을 나타내는 미각에서 사람의 성격이 깔끔함 혹은 일의 진행이 깔끔하거나 완벽한 모습을 나타내는 비유표현 혹은 일반부사로의 의미확장이 나타나고 있다.

(31) a. 和の素材を積極的に取り入れた、オリジナリティーあふれる創作デザートが大好評。ヘルシーで<u>あっさり</u>した味わいには女のコのみならず、男性のファンも多い。(Hanako WEST マガジンハウス 2001)

b. スンダ料理西ジャワの料理です。野菜をたくさん使った、<u>あっさり</u>した味付けが特長です。(インドネシア ポプラ社 2002)

용례(31a)에서 「あっさり」는 창작 디저트가 건강하고 깔끔한 맛을 가지고 있음을 나타내고 있으며 용례(31b)에서는 야채를 많이 사용한 요리의 깔끔한 맛을 나타내고 있다. 음식의 맛을 나타내는 미각에서 연상된 이미지는 사람의 성격을 나타내는 비유표현으로 의미확장하고 있다.

(32) a. そんな昔の彼嘘みたい。こっちが寂しくなるくらい<u>あっさり</u>してる。アドバイスになってるかわからないけど参考までに^^ (Yahoo!知恵袋 Yahoo! 2005)

b. 浅見は意外にそういう<u>あっさり</u>したところがあった。(生徒会室も恋のうち プランタン出版.フランス書院(発売) 2002)

용례(32)에서 「あっさり」는 깔끔하고 담백한 사람의 성격을 나타내고 있는데 아래의 용례(33)과 같이 정도부사로서의 용법도 가지고 있다.

(33) a. 今年の阪神は、負ける時はあっさりとした完敗なので、後に引きずらなくていいですよね！(Yahoo!ブログ Yahoo! 2008)

b. 「たしかにその点はぼくの落ち度だ」ラウルが意外にあっさり認めたので、ポリーは口から出かかった怒りの言葉をのみ込んだ。(未婚の母になっても ハーレクイン 1999)

용례(33)에서 「あっさり」는 오노마토피어의 성격보다는 일반부사로서 일의 진행이나 정도가 깔끔하거나 완전한 모습을 나타내고 있다. 「あっさり」의 경우 미각을 나타내는 오노마토피어에서 사람의 성격을 나타내는 비유표현 그리고 일반부사로의 의미확장이 나타나고 있다.

3.3.2. 산뜻한 맛에서 사람의 성격, 일반부사로 : さっぱり

「さっぱり」의 경우 3.3.1.의 「あっさり」와 유사한 의미확장이 나타나고 있다. 산뜻한 맛을 나타내는 미각뿐만 아니라 다른 감각과의 공감각적인 표현이 많이 나타내고 있으며 사람의 성격이 깔끔함 혹은 일의 진행이 깔끔하거나 완벽한 모습을 나타내는 비유표현 혹은 일반부사로의 의미확장이 나타나고 있다.

(34) a. オレンジの甘酸っぱさを生かしたさっぱりした味が印象的。(ベーカリーパティスリーブック 旭屋出版 2005)

b. 「ヒラミレモン独特の香りとさっぱりした甘みが受けて、1日150本は売れますね。(マフィン 小学館 2001)

용례(34)에서는 「さっぱり」가 오렌지와 레몬의 산뜻한 맛을 표현하는 미각을 나타내는 오노마토피어로 쓰이고 있다.

(35) a. ビタミンEを多く含み、酸化しにくいのが特徴です。軽くさっぱりとした使用感で肌への刺激が少ないオイルです。(「冷え」解消でグングンやせる元気になる！ 学習研究社 2003)

b. 今回はレモンとパセリの量を増やしサッパリと香草の香りが立つように調整しました。(Yahoo!ブログ Yahoo! 2008)

c. 私は長く乗るつもりで、新車を買いたいタイプ。車の内臓はさっぱりだし、新しい方が安心だし。(Yahoo!ブログ Yahoo! 2008)

용례(35a)에서는 「さっぱり」가 오일의 사용감을 나타내는 촉각, 용례(35b)에서는 향초의 향기 즉 후각, 용례(35c)에서는 차의 내장이 깔끔한 모습을 나타내는 시각 등 원래 미각을 나타내는 오노마토피어가 은유(metaphor)에 의해 여러 가지 감각을 동시에 나타내는 공감각 오노마토피어로 사용되고 있다.

(36) a. いつもの私はさっぱりした性格なのに、好きな人の前では私じゃなくなるんです。(Yahoo!知恵袋 Yahoo! 2005)

b. 竜馬は、物事にとらわれない、さっぱりした性格だったようである。(なぜ人は話をちゃんと聞かないのか 明拓出版;星雲社(発売) 2005)

c. その子の荘も父に似てさっぱりとした人柄の男だった。(中国の知嚢 上 中央公論社 1988)

용례(36)에서는 「さっぱり」가 사람의 성격을 나타내는 표현으로 사용되고 있다. 미각에서 연상된 이미지가 은유(metaphor)에 의해 추상적인 표현인 담백하거나 깔끔한 사람의 성격을 나타내는 표현으로 의미확장되고 있다.

(37) a. どうして長方形のほうがいいと思えるのか、おれにはさっぱりわからない。(死影 ソニーマガジンズ 2005)

b. ねむいねむいねむいと脳内はそれだけ。おかげで授業内容がさっぱり頭に入らなかった。(Yahoo!ブログ Yahoo! 2008)

c. 事件で、どの角度から、どのように調べていったらいいのか、さっぱり見当がつかないため、頭のなかで、勝手な推測をしてしまう。(北の運河殺人事件 双葉社 1990)

용례(37)에서는 「さっぱり」가 정도부사로 쓰여 확실하게 이해가 가지 않거나 예측할 수 없는 모습을 나타내고 있다. 즉 미각을 나타내는 오노마토피어에서 사람의 성격을 나타내는 비유표현 그리고 일반부사로의 의미확장이 나타나고 있다.

3.3.3. 갓 만든 음식의 따끈함에서 갓 결혼한 신혼부부의 모습으로 : ほやほや

「ほやほや」의 경우 갓 만든 빵의 따끈따끈하고 말랑말랑한 맛을 나타내는 미각에서 어떤 일의 상태가 된지 얼마 안 되는 모양 혹은 갓 결혼한 신혼부부의 모습을 나타내는 비유표현으로 의미확장하고 있다.

(38) a. 熱い風呂、焼きたてホヤホヤのパン、衛星放送されるモスクワのテレビ番組、ヘリコプターで運び込まれる映画や手紙など(グラースノスチ 朝日新聞社 1991)

b. こんな時間に焼きたてほやほや抹茶の食パンです。(Yahoo!ブログ Yahoo! 2008)

용례(38)에서 「ほやほや」는 금방 구워낸 빵과 식빵의 따끈따끈하고 말랑말랑한 모습을 나타내고 있다.

(39) a. ＰＡのチェックが終わり、出来立てホヤホヤのオープニングビデオの試写も完了。(Yahoo!ブログ Yahoo! 2008)

b. 当方中型ほやほや初心者です。公道なら頑張っても三十度くらいまでです。(Yahoo!知恵袋 Yahoo! 2005)

용례(39)에서는 「ほやほや」의 갓 구워낸 빵의 따끈따끈하고 말랑말랑한 모습에서 연상된 이미지가 어떤 일의 상태가 얼마 되지 않은, 이제 막 완성된 모습으로 의미확장하고 있다. 즉 용례(39a)에서는 갓 만들어진 오프닝 비디오를, 용례(39b)에서는 초심자의 상태를 「ほやほや」가 나타내고 있다.

(40) a. 同じ職場にｄａｉｒａと同じ新婚ホヤホヤの先輩がいるんですけど、ｄａｉｒａと同じ悩みを抱えているそうです！(Yahoo!ブログ Yahoo! 2008)

b. しかも、息子夫婦は新婚ほやほや。(Yahoo!ブログ Yahoo! 2008)

용례(40)에서는 「ほやほや」의 갓 구워낸 빵의 이미지에서 연상된 이미지가 갓 결혼한 신혼부부를 나타내는 「新婚ほやほや」의 관용표현으로 사용되고 있다.

3.4. 후각을 나타내는 오노마토피어의 의미확장

일본어 오노마토피어 중 후각에서 비유표현으로의 의미확장을 보

이고 있는 공감각 오노마토피어로는 「つん(と)、つんつん、ぷん、ぷんぷん、むーん、むっ(と)、むんむん」 등이 있다.

3.4.1. 냄새에서 화를 내는 모습으로 : ぷんぷん

「ぷんぷん」의 경우 원래 냄새를 나타내는 오노마토피어이나, 실제의 냄새가 아니라 추상적인 의미로 비유적으로 사용되거나 사람이 화를 내는 모습으로 의미가 확장되고 있다.

(41) a. イタリアりょうりのおみせから、にんにくのにおいがぷんぷんながれてくるのです。(モンスター・ホテルでパーティーだ 小峰書店 2003)

b. 小便かなと匂いを嗅いでみた。正真正銘のお酒であった。会長爺サン、ニッコリした。鼻風邪もふっ飛んでいた。焼き魚の匂いがぷんぷんする。いい匂いだな、と犬みたいに鼻をヒクヒクさせ乍らあたりを窺った。(浮橋 日本図書刊行会;近代文芸社(発売) 2001)

용례(41)에서는 「ぷんぷん」이 실제의 냄새를 나타내는 표현으로서 용례(41a)에서는 마늘의 냄새를, 용례(41b)에서는 생선 굽는 냄새를 나타내고 있다.

(42) a. お笑いぐさだわ。嘘のにおいがぷんぷんしている。(恋愛志願 ハーレクイン 2001)

b. すぐ後ろの席には、三人のエルサルバドル人がすわっている。みな小柄で、車に乗りこんだときから、中産階級の臭いをぷんぷんと発散させていた。(死者の日 扶桑社 2001)

용례(42)에서는 실제의 냄새가 아니라 비유적인 표현으로서 「嘘のにおい」「中産階級の臭い」라고 표현하고 있으며 아래의 용례(43)에서는 이

렇게 냄새를 풍기는 모습에서 연상된 이미지가 은유(metaphor)에 의해 사람이 화난 모습을 나타내게 된다.

(43) a. おばあさんは、ぷんぷんおこってかおをあげました。おんなのこは、おばあさんのあしもとにねそべっているとらねこをみつけると、りょうてをさしだしました。(おばあさんとあかいいす 小峰書店 1986)

b. 彼はぷんぷん腹がたっていた。だが、しばらくして思わず苦笑いを浮かべた。(ロマンチックが好き ハーレクイン 2001)

이상과 같이 「ぷんぷん」은 냄새를 나타내는 구체적인 감각에서 추상적인 비유표현으로 그리고 사람이 화난 모습으로 은유(metaphor)에 의한 의미확장이 나타나고 있다.

3.4.2. 불쾌한 냄새에서 화를 내는 모습으로 : むっと

「むっと」의 경우 불쾌한 냄새를 나타내는 오노마토피어에서 열기나 냄새로 숨이 막힐 듯한 모습 그리고 사람이 화를 내는 모습으로 의미가 확장되고 있다.

(44) a. むっと鼻をつく饐えたワックスの黴臭いにおいに辟易しながら、(花腐し 講談社 2005)

b. 白粉のにおいが、むっと鼻をつき息がつまる。(ギンヤンマ飛ぶ空 小峰書店 1995)

용례(44)의 경우 「むっと」가 왁스나 흰 가루의 냄새를 나타내고 있다. 「鼻をつく(코를 찌르다)」라는 표현과 함께 사용함으로써 좋은 냄새가 아닌 코를 찌

르는 불쾌한 냄새임을 나타내고 있다. 이처럼 코를 찌르는 불쾌한 냄새에서 연상된 이미지는 열기나 냄새로 숨이 막힐 듯한 모습으로 의미확장하고 있다.

(45) a. 入った時、暖炉では盛大に火が焚かれていた。室内は、むっとするほどの熱気だった。(哲学者の密室 東京創元社 2002)

b. トンネル内はむっと蒸し暑い。立ったり座ったりを繰り返す。(中日新聞 中日新聞社 2003)

용례(45)의 경우 불이 난 실내의 뜨거운 열기와 터널 내의 찜통 같은 더위를 「むっと」가 나타내고 있다. 이처럼 열기로 인한 뜨거움 혹은 숨이 막히는 모습에서 연상된 이미지는 은유(metaphor)에 의해 사람이 화가 나는 모습으로 의미확장한다.

(46) a. オレがムッとして帰ったものだから心配して電話をくれたのだった。(添乗員は見たどっきり激安バスツアー アスペクト 1997)

b. その発言にいちいちムッとしてしまう自分も大人気ないと思います。(Yahoo!知恵袋 Yahoo! 2005)

용례(46)에서 「むっと」는 사람이 화가 나는 모습을 나타내고 있는데 「ぷんぷん」과 같이 화를 내뿜는 모습이 아니라 갑자기 화가 나서 입을 다무는 모습을 나타내고 있다. 즉 「ぷんぷん」「むっと」 둘 다 후각에서 화를 내는 모습으로 의미확장하고 있는데 「ぷんぷん」의 경우는 냄새가 풍기는 모습에서 의미확장하여 사람이 화를 내뿜고 있는 모습을 나타내고 있는데 비해 「むっと」의 경우는 불쾌한 냄새에 숨이 막히는 모습에서 의미확장하여 갑자기 화가 나지만 발산하지 않고 입을 다무는 모습을 나타내고 있다.

Korean and Japanese Synaesthetic Onomatopoeia-
From Sense to Emotion·Psychology

한국어 공감각(共感覺) 오노마토피어의 의미확장과 명사·동사 공기양상

-「촉각」을 나타내는 오노마토피어를 중심으로-

04

04

한국어 공감각(共感覺) 오노마토피어의 의미확장과 명사·동사 공기양상

-「촉각」을 나타내는 오노마토피어를 중심으로-

본 절에서는 한국어 공감각 오노마토피어의 의미확장 중 가장 기본적인 감각인 촉각이 은유와 환유를 통해 다양한 의미영역으로 확대되어 가는 과정에서 공기(共起)하는 명사·동사에도 차이점이 나타나고 있는 현상에 착목하여 실제 코퍼스에서 추출한 용례를 중심으로 각 의미영역별 명사·동사 공기양상을 분석하기로 한다.

촉각에서 다른 의미영역으로 의미확장하는 공감각 오노마토피어는 다수 존재하지만 명사·동사와의 공기양상을 살펴보기 위해서는 어느 정도의 용례수가 필요하기 때문에 본 절에서는 국립국어원의 언어정보나눔터(https://ithub.korean.go.kr/user/main.do)에서 제공하는 말뭉치에서 추출한 용례 중 의미확장 양상이 나타나는 용례수 20개 이상의 오노마토피어 「꽁꽁, 끈끈, 끈적끈적, 눅눅, 단단, 따끔, 딱딱, 탄탄, 빳빳, 뻣뻣, 촉촉, 축축」을 대상으로 분석을 행하기로 한다. 이들 촉각을 나타내는 오노마토피어의 의미확장 패턴은 크게 다음의 세 가지로 나누어진다. 1) 청각에서 시각·촉각·비유표현으로의 의미확장을 보이는 「딱딱」, 2) 촉각에서 시각·비유표현으로의 의미확장을 보이는 「꽁꽁」, 그리고 가장 많이 나타나는 의미확장 패턴인 3) 촉각에서 비유표현으로의 의미확장을 보이는 「끈끈, 끈적끈적, 눅눅, 단단, 따끔, 탄탄, 빳빳, 뻣뻣, 촉촉, 축축」이다.

4.1. 청각에서 시각·촉각·비유표현으로의 의미확장

【표1】「딱딱」의 의미확장과 명사·동사 공기양상[07]

	의미 영역	용례수 (비율)	공기명사	공기동사
딱딱 (216)	청각	13(6%)	**치아**(7) 목탁소리(2) 손뼉 조청 방망이 구두	부딪치다(5) 두드리다(2) 마주치다(2) …
	시각	9(4%)	라임 음성 선 점 아귀 조개각	끊어지다(2) 맞아떨어지다(2) 긋다 찍다 …
	촉각	101(47%)	**신체**(35) 음식(11) 의자(9) 땅(3) 물건(2) 등딱지 …	**굳다**(7) 얼다(3) 부풀다(2) 뭉치다 부어오르다 오므리다 야물다
	비유	93(43%)	**얼굴**(10) 표정(5) 이야기(5) 말(5) 목소리(4) 분위기(3) 글(3) 말투(2) 브리핑(2) …	**굳다**(7) 변하다(2) 말하다(2) 느끼다 대꾸하다 흐르다 …

「딱딱」의 경우 청각에서 시각, 촉각에서 비유표현으로의 의미확장이 나타나고 있다. 먼저 딱딱한 물건이 규칙적으로 부딪치는 소리에서 연상된 이미지가 물건이나 상황이 빈틈없이 들어맞는 모습으로 의미가 확장되어 가는 경우와 딱딱한 감촉을 나타내는 촉각이 실제의 감각이 아

07 【표】에서 진하게 표시된 부분은 공기제약이 강하게 나타나는 명사·동사이다. 공기 하는 동사 중 「부딪치다」, 「끊어지다」 등과 같이 어근에 파생접사가 결합된 형태의 경우 표준국어대사전 표제어로 수록되어 있는 경우 각각 하나의 단어로 인정하기로 한다.

닌 비유표현으로 의미가 확장되어 가는 두 가지 의미확장으로 나누어 볼 수 있다. 영역별 빈도수의 경우 청각이 13개, 시각이 9개, 촉각이 101개, 비유표현이 93개로서 촉각과 비유표현으로서의 쓰임이 많이 나타나고 있다.

물건을 두드리거나 부딪치는 소리를 나타내는 청각의 경우 공기하는 명사는 「치아(이(4) 이빨 치아 아래윗니)(7), 목탁소리(2), 손뼉, 조청, 방망이, 구두」 등으로 치아를 나타내는 명사와의 공기제약이 특징적이다. 공기하는 동사로는 「부딪치다(5), 두드리다(2), 마주치다(2), 치다, 들려오다, 긁어내다」 등이 나타나고 있다.

(1) a. 어린 장수는 이를 딱딱 부딪치며 떨어 그앨 업고 골목을 왔다 갔다 했다. (김영희, 디자인 하우스, 1992)
b. 하이힐의 징이 다 닳았는지 걸을 때마다 유난히 딱딱거리는 소리가 났다. 딱딱 소리를 내는 구두를 신고 걸을 때마다 그 소리가 고스란히 ... (공선옥, 문학과지성사, 2002)

용례(1)의 경우 이가 부딪치는 소리나 구두 소리를 나타내고 있는데 부사로 사용되어 「부딪치다」「소리를 내다」 등을 수식하고 있으며 「-거리다」와 결합하여 동사로 사용되기도 한다. 이러한 소리에서 연상된 이미지가 물건이나 상황이 빈틈없이 맞닿거나 들어맞는 모양으로 의미가 확장하고 있는데 이 경우 공기하는 명사는 「라임, 음성, 선, 점, 아귀, 조개, 각」 등이 있으며 부사로 사용되어 동사 「끊어지다(2), 맞아떨어지다(2), 긋다, 찍다, 맞다, 벌어지다, 끊다」 등을 수식하고 있다.

(2) a. "우리 문선생도 이제 한 이십년만 있으면 점 하나만 딱딱 찍어서 팔아도 대재벌 될 텐데, 뭐. 부럽수다, 강사장. 에이 열불나! ... (권지예, 문학과

지성사, 2002)

b. 오늘 그 꿈을 이뤄보려고요." 가이드답게 딱딱 끊어가며, 그러나 싹싹한 표정으로 말한 윤지는 호텔 앞에서 기다리던 여행사의 .. (이혜경, 문학과지성사, 2002)

용례(2)의 경우 점을 찍거나 말하는 모습을 나타내고 있는데 이 경우도 청각과 마찬가지로 부사로서 「찍다」「끊어가다」를 수식하고 있다.

한편 가장 많은 용례수를 나타내고 있는 촉각의 경우 신체(몸(6), 얼굴(4), 어깨(3), 피부(2), 팔뚝(2), 혀, 손, 굳은살, 살, 근육, 새끼손가락, 배, 손마디, 손바닥, 가슴)(35)나 음식(조밥(3), 빵, 과일, 떡, 코코넛, 호도, 빵가루, 음식, 건빵)(11)과 함께 나타나는 경우가 많았으며 이 외에도 「의자(9), 땅(3), 물건(2), 등딱지, 질감, 두흉갑, 등피, 등껍데기, 막, 토양, 유리기판, 받침, 돌, 침대, 느낌, 꾸러미, 이물질, 침대차, 이부자리, 방바닥, 매트리스, 흰뼈, 껍질, 뿔, 피, 탈바가지, 콘크리트바닥, 석고껍데기, 형태, 껍데기, 핸드백, 감, 키보드, 침대, 봉오리, 쌀종이, 칸, 공」 등의 명사와 함께 나타난다. 공기하는 동사로는 「굳다(7), 얼다(3), 부풀다(2), 뭉치다, 부어오르다, 오므리다, 야물다」 등이 있다.

(3) a. 딱딱해진 어깨를 아들이 아무리 주물러도 풀리지 않습니다. (좋은생각, 좋은생각, 1999)

b. 풀어 보니, 딱딱하게 굳은 떡 한 덩어리였다. "삼일 동안이나 굶으면서 왜 그 떡을 ... (좋은생각, 좋은생각, 2000)

용례(3)에서는 「어깨」「떡」이 딱딱하게 변한 모습을 나타내고 있는데 동사 「굳다」와 공기하고 있으나 대개는 「-하다」와 결합하여 파생형용사로 쓰이므로 따로 공기하는 동사는 나타나지 않는 경우가 많다.

마지막으로 비유표현으로 사용될 경우 공기하는 명사는 「얼굴(10), 표정(5), 이야기(5), 말(5), 목소리(4), 분위기(3), 글(3), 말투(2), 브리핑(2), 그림, 느낌, 현실세계, 적자사상, 시, 문학적 법칙, 풀이, 인상, 데이터, 글읽기, 경제교육, 대화, 사무실, 선, 물음, 표현, 정장, 성격, 책, 영화, 교과서, 첫인상, 감수성, 부동자세, 무표정, 성벽, 석상, 위엄, 철학, 내용」 등이 나타나고 있으며 공기하는 동사로는 「굳다(7), 변하다(2), 말하다(2), 느끼다, 대꾸하다, 흐르다, 보다, 감싸다, 굴다, 나가다, 살다」 등이 있다.

(4) a. 시의 음악성은 상징주의 테크닉의 재종이다. 그래서 종래 딱딱하던 프랑스 시는 보다 자유로운 리듬의 기타 음악적 효과를 갖게 되었다. (이상섭, 서문당, 1972)

b. 선생님의 깐깐해 보이는 외모와 가늘고 딱딱한 목소리에 나는 첫날부터 잔뜩 주눅이 들었다. (좋은생각, 좋은생각, 1999)

c. 평소 모습과는 달리 최의원의 얼굴은 딱딱하게 굳어 있었다. 순간 수혜는 뭔가 좋지 않은 일이 있음을 직감했다. (유기성, 삼신각, 1994)

용례(4)에서는 실제로 「프랑스 시」「목소리」「얼굴」 등이 딱딱하다고 볼 수는 없으며 비유표현으로 사용된 경우이다. 용례(4b)의 경우 「딱딱하다」라는 촉각을 나타내는 표현이 「목소리」를 수식하는 공감각적 비유표현으로 사용된 경우이다. 용례(4c)의 경우도 실제로 얼굴이 딱딱하게 굳어 있다기보다는 긴장감·좋지 않은 일 등으로 경직된 모습을 나타내고 있다고 볼 수 있다. 공기하는 명사에는 특별한 제약이 나타나지 않으며 촉각과 마찬가지로 비유표현의 경우도 「-하다」와 결합하여 파생형용사로 쓰이므로 공기하는 동사는 그다지 나타나지 않는데 「굳다」와의 공기가 특징적이라 할 수 있다.

4.2. 촉각에서 시각·비유표현으로의 의미확장

【표2】「꽁꽁」의 의미확장과 명사·동사 공기양상

	의미 영역	용례수 (비율)	공기명사	공기동사
꽁꽁 (58))	촉각	26(45%)	**신체**(10) 얼음(2) 군화 아기 강둑 동태 지구 호수 물 …	**얼어붙다**(12) **얼다**(12) 얼리다 굳다
	시각	19(33%)	문(3) 보리떡 여신 백만원 김치 무쇠솥 집 사람들 …	묶다(4) 싸다(3) 뭉치다(2) 걸다(2) 숨다 동이다 …
	비유①	3(5%)	소비 금융시장 마음	얼어붙다(2)
	비유②	10(17%)	내 마음(3) 공격진 자기 손발 자신	묶다(6) 숨기다 가두다

「꽁꽁」의 경우 촉각에서 시각·비유표현으로의 의미확장이 나타나고 있다. 이는 다시 물건이 얼어 있는 모습을 나타내는 촉각에서 비유표현①로의 의미확장과, 힘주어 단단히 묶거나 꾸리는 모습을 나타내는 시각에서 비유표현②로의 의미확장 등 서로 다른 두 종류의 의미확장으로 나누어 볼 수 있다. 영역별 빈도수의 경우 촉각이 26개 시각이 19개, 비유표현①이 3개, 비유표현②가 10개로서 구체적인 감각인 촉각과 시각으로서의 쓰임이 많이 나타나고 있다.

물건이 얼어 있는 모습을 나타내는 촉각의 경우 공기하는 명사는 「신체(손(3), 몸(2), 몸안, 자신의 몸, 손바닥, 발, 온몸, 손발)(10), 얼음(2), 군화, 아기, 강둑, 동태, 지구, 호수, 물, 플랫폼, 지상의 모든 것, 마루 바닥, 대문, 하늘·땅, 땅, 땅바닥」 등으로 사람의 신체를 나타내는 명사와의 공기제약이 나타나고 있으며 「얼어붙다(12), 얼다(12), 얼리다, 굳다」 등의 동사와의 공기제약이 강하게 나타나고 있다.

(5) a. 설사 자신의 몸을 꽁꽁 얼려서 탱크 속에 집어넣더라도 말이죠. (이은

희, 궁리출판, 2002)

b. 아아, 아이들은 얼음이 꽁꽁 언 새봇에서 신나게 썰매를 탈 것이며, 할머니 무릎 위에서 동생들은 ... (김춘복, 한길사, 1978)

용례(5)에서는 「꽁꽁」이 부사로서 동사 「얼리다」「얼다」를 수식하고 있으며 공기하는 명사로는 「자신의 몸」「얼음」이 나타나고 있다. 이처럼 신체나 구체적인 물건이 얼어 있는 모습을 나타내는 「꽁꽁」은 아래의 용례(6)에서와 같이 추상적인 표현으로 의미가 확장된다.

(6) a. 이러다 보니 금융시장은 꽁꽁 얼어붙어 몇몇 극소수 초우량 대기업을 제외한 나머지 거의 모든 기업의 ... (중앙일보 J&P, 중앙일보 J&P, 2000)

b. 꽁꽁 얼어붙은 황량하고 스산한 마음을 생각해 보라. (손춘익, 창작과비평사, 1980)

용례(6)에서는 「꽁꽁」이 구체적인 감각인 촉각이 아니라 「금융시장」 「마음」 등의 상태를 나타내는 추상적인 비유표현으로 사용되고 있다. 하지만 이 때도 구체적인 감각을 나타내는 촉각의 경우와 마찬가지로 공기하는 동사는 「얼어붙다」가 나타나고 있다.

한편 「꽁꽁」은 물건이 얼어있는 모습에서 연상된 이미지에서 의미확장되어 힘주어 단단하게 죄어 묶거나 꾸리는 모양을 나타내고 있는데 이 경우 공기하는 명사는 「문(3), 보리떡, 여신, 백만 원, 김치, 무쇠솥, 집, 사람들, 눈, 지구, 아기, 얼굴, 보따리, 문, 두손, 옷」 등이 나타나고 있으며 「묶다(4), 싸다(3), 뭉치다(2), 걸다(2), 숨다, 동이다, 휘감다, 숨기다, 동여매다, 싸매다, 여미다, 닫히다, 묶이다, 짜다」 등의 동사와 공기하고 있다.

(7) a. 여신이 잠들자 펠레우스는 여신을 밧줄로 꽁꽁 묶어버렸어. (이은희, 궁리출판, 2002)

b. 그녀는 하얀 손수건 속에 꽁꽁 뭉친 백만 원을 내게 내밀었다. (좋은생각, 좋은생각, 1999)

용례(7)의 경우 「꽁꽁」이 부사로서 「여신」「백만 원」을 단단하게 묶거나 뭉친 모습을 나타내고 있다. 이 경우도 추상적인 비유표현으로 의미가 확장되어 가는데 공기하는 명사로는 「내 마음(3), 공격진, 자기, 손발, 자신」 등이 나타나고 있으며 공기하는 동사로는 「묶다(6), 숨기다, 가두다」 등이 나타난다.

(8) a. 완벽한 팀워크로 상대 공격진을 꽁꽁 묶고, 그동안 연마해온 대로 공격의 날을 세워 회심의 승리를 낚아챘다. (한겨레신문사, 한겨레신문사, 2002)

b. 대국이라는 청나라까지두 지금은 양인들헌테 손발이 꽁꽁 묶여 있다구 들었소. (홍성원, 문학과 지성사, 1993)

용례(8)의 「꽁꽁」은 「상대 공격진」「손발」 등이 실제로 묶여 있는 모습이 아니라 추상적인 의미로 사용되고 있다. 이 경우 공기하는 명사의 경우는 특별한 제약이 나타나고 있지 않으며 공기하는 동사의 경우는 시각에서와 마찬가지로 「묶다」와의 제약이 나타나고 있다.

「꽁꽁」의 경우 구체적 감각에서 비유표현으로 의미가 확장될 경우 공기하는 명사는 구체적인 사물을 나타내는 명사에서 추상적인 개념을 나타내는 명사로 다르게 나타나지만, 공기하는 동사의 경우는 동일하다. 즉 물건이 얼어있는 모습을 나타내는 경우와 마찬가지로 소비나 금융시장 등 추상적인 상황을 나타내는 경우에도 「얼다」「얼어붙다」라는 동사와 공기하고 있으며 물건이 묶여있는 경우와 비유적인 표현으로 사용되는 경우 모두 「묶다」라는 동사와 공기하고 있다.

한국어 촉각 오노마토피어의 경우 공기하는 명사는 의미확장에 따라 다양하게 나타나고 있지만 공기하는 동사의 경우 대부분 「-하다」와 결합하여 파생형용사로 쓰이며 공기하는 동사의 수도 그리 많지 않은데 비해, 「꽁꽁」의 경우는 「-하다」와 결합하는 형태는 나타나고 있지 않으며 모든 용례가 부사로서의 용법으로 사용되고 있다. 또한 구체적 감각에서 추상적 개념으로 의미확장한 경우에도 「얼다」「얼어붙다」「묶다」 등 동일한 동사와 공기하는 양상을 보이고 있다.

4.3. 촉각에서 비유표현으로의 의미확장

본 절에서는 촉각에서 비유표현으로의 의미확장이 나타나는 용례에 대해서 살펴보기로 한다. 빈도수가 높은 어휘 순으로 제시하고 이 중 서로 관련성이 있는 항목은 함께 살펴보기로 한다.

4.3.1. 단단, 탄탄

【표3】 「단단」의 의미확장과 명사·동사 공기양상

	의미영역	용례수(비율)	공기명사	공기동사
단단(170)	촉각	116(68%)	**신체**(40) 돌(8) 모래(3) 벽(3) 껍질(2) 물건(2) 땅 유리벽 성분 침 물체 …	굳다(3) 뭉치다 묶다 포장하다 박히다 쌓다
	비유	54(32%)	생각(2) 끈(2) 긴장 연고동맹 표정 대답 수학적 공리 까닭 각오 …	무장하다

「단단」의 경우 촉각에서 비유표현으로의 의미확장이 나타나고 있다. 영역별 빈도수의 경우 촉각이 116개, 비유표현이 54개로서 촉각으로서의 쓰임이 많이 나타나고 있다. 촉각의 경우 「신체(근육(5), 몸(2), 입미(2), 주먹(2), 살(2), 피부, 얼굴선, 앞니, 굳은살, 턱, 살갗, 얼굴, 어깨, 몸체, 허리, 허벅지, 체구, 아랫배, 손, 정강이, 무릎뼈, 장딴지, 젖, 유방, 몸매, 체격, 알통, 머리)(40) 돌(8), 모래(3), 벽(3), 껍질(3), 물건(2), 땅, 유리벽, 성분, 침, 물체, 선반, 수정, 씨앗알갱이, 옹벽, 꽃받침, 대변, 종괴, 조직, 묶음, 유리, 껍데기, 종이, 합금, 구두, 열대, 단추, 숫돌, 소포, 싸릿대 속살, 바게트, 참나무 가지, 황토흙, 호두껍데기, 겉껍질, 땅, 눈덩이, 아카시아 가지, 페이브먼트, 열매, 철문, 디딤돌, 울타리, 손힘, 은화, 지반」 등의 명사와 공기하고 있으며 「신체」를 나타내는 명사와의 공기제약이 특징적이다. 공기하는 동사는 「굳다 3), 뭉치다, 묶다, 포장하다, 박히다, 쌓다」 등이 나타나고 있다.

(9) a. 짧은 소매 아래로 단단한 팔 근육이 보였다. (김지혜, 영언문화사, 2001)
b. 이런저런 상념에 빠져 무심코 셔츠를 접는데 단단한 단추가 손에 잡혔다. 세상에! 나도 모르게 감탄이 나왔다. (좋은생각, 좋은생각, 2000)

용례(9)에서는 구체적인 감각인 촉각으로서 「근육」「단추」가 단단한 모습을 나타내고 있으며 「-하다」와 결합하여 파생형용사로 쓰이고 있다.

비유표현의 경우 「생각(2), 끈(2), 긴장, 연고동맹, 표정, 대답, 수학적 공리, 까닭, 각오, 정신, 아집, 대처, 확보, 어둠, 소설, 연구자, 세계관, 철학, 사랑, 결의, 여자, 눈길, 사랑, 군대, 지성, 매, 마음, 눈초리, 눈빛, 감정, 의미, 사람, 껍질, 의지, 뒷모습, 미신, 고정관념, 소비자망, 결심」 등의 명사와 공기하고 있으며 공기하는 동사는 「무장하다」가 나타나고 있다.

비유표현의 경우 공기하는 명사·동사에 특별한 제약은 나타나지 않는다.

(10) a. 지금부터 시작이라는 단단한 각오로 더 높은 곳을 향해 눈을 크게 떠야 하겠다. (한국일보 편집부, 한국일보사, 1982)

b. 경험에 경험을 곱하면서 우리의 정신은 더욱 단단해지고 실패가 곧 성공의 어머니가 될 수 있는 것이다. (김광주, ㈜북21, 2004)

용례(10)에서 「단단」은 추상적인 비유표현으로의 의미확장을 보여주고 있다. 촉각과 비유표현 모두 「-하다」와 결합하여 파생형용사로 사용되므로 공기하는 동사는 나타나고 있지 않다.

【표4】「탄탄」의 의미확장과 명사·동사 공기양상

	의미 영역	용례수 (비율)	공기명사	공기동사
탄탄 (57)	촉각	12(21%)	**신체**(8) 모습 승용차 길 독	
	비유	45(79%)	현장조사 계획 전력 수비라인 스트로크 투수진 경제 기초 계층 기술력 …	

「탄탄」의 경우 촉각에서 비유표현으로의 의미확장이 나타나고 있다. 영역별 빈도수의 경우 촉각이 12개, 비유표현이 45개로서 비유표현으로서의 쓰임이 많이 나타나고 있다. 촉각의 경우 공기하는 명사는 「신체(어깨(3) 허벅지(2) 몸 가슴 다리 근육)(8), 모습, 승용차, 길, 독」 등으로 신체를 나타내는 명사와의 공기제약이 나타나고 있으며 공기하는 동사는 나타나지 않는다. 비유표현의 경우 공기하는 명사는 「현장조사, 계획, 전력, 수비라인, 스트로크, 투수진, 경제 기초, 계층, 기술력, 작가, 실력, 기반, 조직력, 수비, 직장, 회사, 극작술, 기초학력, 통로, 흐름, 소비, 문화, 민주주

의 운동, 세계관, 실물부분, 남성군무, 구성, 짜임새, 길, 생산 기반, 하부구조, 구조, 음악성, 미래, 시나리오, 해석, 커플, 연기력, 실력, 드라마, 사업, 중소기업」 등이 나타나고 있으며 촉각과 마찬가지로 공기하는 동사는 나타나지 않는다.

(11) a. 탄탄한 허벅지는 하얀 니렝스 스커트가 감싼다. (김현영 창작과비평사, 2000)

b. 어느 날 아침 현관문을 여니 탄탄하고 반질반질 윤이 나는 제법 큰 갈색 독이 놓여 있었다. (김영희, 디자인 하우스, 1992)

(12) a. 운이 따라야 하지만 이번 경기는 한국 선수들이 운 못지않게 탄탄한 실력으로 이겼다고 강씨는 평가했다. (동아일보사, 동아일브사, 2002)

b. 졸업한 첫 해, 나는 작지만 탄탄한 중소기업에 취직했다. (좋은생각, 좋은생각, 1999)

용례(11)과 용례(12)에서 「탄탄」은 구체적인 촉각에서 추상적인 비유표현으로의 의미확장을 보여주고 있다. 용례(11)에서 허벅지와 갈색 독을 나타내는 구체적인 감각인 「탄탄」은 용례(12)에서는 한국선수들의 경기력, 기업의 기반 등의 추상적인 의미로 의미확장되고 있다. 구체적인 촉각의 경우 「신체」를 나타내는 명사와의 공기제약이 나타나고 있으나 추상적인 비유표현의 경우 특별한 공기제약은 나타나지 않는다. 촉각과 비유표현 모두 「-하다」와 결합하여 파생형용사로 사용되므로 공기하는 동사는 나타나고 있지 않다.

4.3.2. 촉촉, 축축

【표5】「촉촉」의 의미확장과 명사·동사 공기양상

	의미 영역	용례수 (비율)	공기명사	공기동사
촉촉 (47)	촉각	26(55%)	**신체**(8) 바게트 속(2) 땅(2) 머리카락(2) 봄비(2) …	젖다(5) 적시다(2) 내리다
	비유	21(45%)	기운(2) 마음(2) 목소리(2) 자양분 말소리 이야기 …	젖다 적시다

「촉촉」의 경우 촉각에서 비유표현으로의 의미확장이 나타나고 있다. 영역별 빈도수의 경우 촉각이 26개, 비유표현이 21개로서 촉각과 비유표현의 쓰임이 비슷하게 나타나고 있다. 촉각의 경우 공기하는 명사는 「신체(얼굴(4), 입술(2), 눈망울(2))(8), 바게트 속(2), 땅(2), 머리카락(2), 봄비(2), 모발, 대지, 들판, 버터 소스, 물기, 길, 손, 여린 꽃잎, 이마와 콧등」 등이 나타나고 있으며 동사 「젖다(5), 적시다(2), 내리다」와 공기하고 있다. 비유표현의 경우 공기하는 명사는 「기운(2), 마음(2), 목소리(2), 자양분, 말소리, 이야기, 얼굴, 세상, 봄냄새, 풀냄새, 표정, 감성, 광택, 느낌」 등이 있으며 동사 「젖다, 적시다」와 공기하고 있다.

(13) a. 큰길 불빛이 저만치 골목 끝에서야 보였다. 어느새 비가 내렸는지 길이 촉촉하게 젖어 있었다. 빈 깡통이 발끝에 걸렸다. 물웅덩이에도 빠졌다. (강영숙, ㈜창비, 2004)

b. 금방 구워서 속이 촉촉하고 부드러운 바게트일수록 껍데기도 더 맛있어. (김현영, 창작과비평사, 2000)

(14) a. 좋은 화장품으로 얼굴이 촉촉해지는 것도 좋지만 좋은생각으로 마음이 촉촉해지는 것이 천배 만배 더 귀하다는 것을 우리는 잘 알고

있습니다. (좋은생각, 좋은생각, 1999)

b. 의미 없던 물건들이 어느새 온기를 머금고 있다. 건조하던 집안 구석 구석에 촉촉한 기운이 감도는 것도 나의 어머니가 잠시 더물다 갔기 때문이리라. (좋은생각, 좋은생각, 1999)

용례(13)과 용례(14)에서 「촉촉」은 구체적인 촉각에서 추상적인 비유표현으로의 의미확장을 보여주고 있다. 용례(13a)에서는 비로 인해 길이 촉촉하게 젖어 있는 상태를 나타내고 있으며 용례(13b)에서는 금방 구운 바게트의 속이 부드럽고 촉촉함을 나타내고 있다. 특히 용례(14a)에서는 얼굴의 상태를 나타내는 구체적인 감각으로서의 「촉촉」과 마음의 상태를 나타내는 비유적인 표현을 대응시켜 나타내고 있다. 용례(14b)에서도 집안의 습도로서 촉촉한 기운이 아니라 어머니가 다녀가신 온기로 촉촉함을 느끼는 추상적인 비유표현을 나타내고 있다.

【표6】「축축」의 의미확장과 명사·동사 공기양상

	의미 영역	용례수 (비율)	공기명사	공기동사
축축 (92)	촉각	76(83%)	**신체**(29) 소금(2) 공기(2) 끈 땀 돼지우리 이부자리 빵 …	젖다(5) 적시다 느껴지다 배어나오다 요리되다 뭉개지다 눕다
	비유	16(17%)	냄새(3) 느낌 정감 대중의 가슴 가슴한켠 정적 연민 기분 세상 …	적시다 만들다

「축축」의 경우 촉각에서 비유표현으로의 의미확장이 나타나고 있다. 영역별 빈도수의 경우 촉각이 76개, 비유표현이 16개로서 촉각으로서의 쓰임이 많이 나타나고 있다. 촉각의 경우 공기하는 명사는 「신체(손(6), 몸(4), 눈(4), 혀(3), 손바닥(2), 온몸(2), 피부(2), 겨드랑이, 눈께, 뺨, 손바닥, 몸속, 오른손, 혓바닥, 자궁, 발바닥, 등덜미, 맨발, 눈가)(29), 소금(2), 공기(2), 끈, 땀, 돼지우리, 이부자리,

빵, 피부껍데기, 군화, 돈, 아랫도리, 바닥, 요, 카펫, 낙엽, 모습, 길, 택시안, 겉옷, 풀숲, 담요, 옷, 바닥, 땀, 이불, 안개, 사진, 원피스, 구두, 바짓가랑이, 떠꺼지, 대지, 바람, 습기」 등이 있으며 동사 「젖다(5), 적시다, 느껴지다, 배어나오다, 요리되다, 뭉개지다, 남다」 등과 공기하고 있다. 비유표현의 경우 공기하는 명사는 「냄새(3), 느낌, 정감, 대중의 가슴, 가슴한켠, 정적, 연민, 기분, 공감각-음성, 신음의 끝, 광채, 목소리」 등이 있으며 동사 「적시다, 만들다」와 공기하고 있다.

(15) a. 동창생 녀석은 축축한 담요를 쓰고 바닥에 패잔병처럼 쓰러져 있었다. (윤대녕, 문학과지성사, 2001)

b. 일반적인 전자파 요리에 대한 불만이 있다면, 빵 종류가 바삭바삭하지 못하고 축축하게 요리된다는 것이다. (도널 에이 부리스 지음/박명숙 옮김, 장락, 1994)

(16) a. 내 기분도 날씨에 감응한 듯 덩달아 축축해져갔다. 음악 소리에 귀를 기울여보려고 했지만 잘되지 않았다. (이승우, 문학과지성사, 2001)

b. 그녀는 우울한 목소리로 말했다. 습기를 머금은 공기가 그녀의 목소리를 축축하게 만들고 있었다. (이승우, 문학과지성사, 2001)

용례(15)와 용례(16)에서 「축축」은 구체적인 촉각에서 추상적인 비유표현으로의 의미확장을 보여주고 있다. 용례(15)에서 담요의 상태와 빵 종류가 바삭바삭하지 못하고 축축함을 나타내는 구체적인 감각인 「축축」은 용례(16)에서는 공감각적인 표현으로 「내 기분」과 「그녀의 목소리」의 느낌을 나타내고 있다.

「촉촉」과 「축축」의 경우 양성모음과 음성모음의 대응을 가지고 있는데 구체적인 촉각을 나타낼 경우 양쪽 모두 신체의 촉각을 나타내는 경우가 많이 나타나고 있다. 비유표현으로 의미확장하는 경우 양성모음인 「촉촉」의 용례가 음성모음인 「축축」보다 더 많이 나타나고 있으며 양성모음인 「촉촉」이 플러스적인 이미지인데 비해 음성모음인 「축축」은 기분이라든가 날씨, 목소리 등이 가라앉은 마이너스적인 이미지를 나타내고 있다. 즉 구체적인 감각의 경우 모음에 따라 습도의 양에 차이가 나타나고 있는데 비해 비유표현으로 의미확장하는 경우 플러스적인 이미지와 마이너스적인 이미지의 대응이 나타나고 있다.

4.3.3. 끈끈, 끈적끈적

【표7】「끈끈」의 의미확장과 명사·동사 공기양상

	의미영역	용례수(비율)	공기명사	공기동사
끈끈(51)	촉각	23(45%)	**신체**(10) 줄(2) 즙액 테이프 액체 바닷바람 김 …	기어가다 내배다
	비유	28(55%)	관계(6) 수비(2) 팀워크 인연 기대 정 내부인맥 감수성 함수관계 조직 …	기대다 잇다

「끈끈」의 경우 촉각에서 비유표현으로의 의미확장이 나타나고 있다. 영역별 빈도수의 경우 촉각이 23개, 비유표현이 28개로서 촉각과 비유표현으로서의 쓰임이 비슷하게 나타나고 있다. 촉각의 경우 「신체(점액(4), 피(2), 땀(2), 몸(2))(10), 줄(2), 즙액, 테이프, 액체, 바닷바람, 김, 헝겁, 습기, 공기, 타액, 손가락」 등의 명사와 공기하고 있으며 「기어가다, 내배다」 등의 동사와 공기하고 있다. 구체적인 감각을 나타내는 「끈끈」은 추상적인 비유표현으로 의미확장되어 사용되는데 이 경우 「관계(6), 수비(2), 팀워크, 인연, 기대, 정, 내부인맥, 감수성, 함수관계, 조직, 동료의식, 정과 사랑, 대화, 상상, 동인, 인정, 목소리, 울음소리, 눈빛, 비음」 등의 명사와

공기하고 있으며 공기하는 동사로는 「기대다, 잇다」 등이 있다.

(17) a. 또한 거미는 신기하게도 그물안에서 어떤 줄이 끈끈한 줄인지를 본능적으로 알고 있어 자신이 쳐놓은 거미줄에는 절대 걸리지 않는다. (좋은생각, 좋은생각, 1999)

b. 느닷없이 땅바닥에 넘어지는 순간 돌부리에 부딪쳤는지 뒷머리에선 끈끈한 피까지 흐르고 있었다. (손춘익, 창작과비평사, 1980)

(18) a. 무게 110kg짜리 고무보트를 머리에 이고, 들고, 뛰는 이 훈련은 팀워크를 끈끈하게 다지는 데 최고로 꼽힌다. "내가 편하면 동료들이 힘듭니다. (조선일보사, 조선일보사, 2003)

b. 김동리의 <역마>는 한국인의 토속 정서와 그 정서 속의 끈끈한 혈육에의 정이 가장 아름답게 직조된 작품이다. (곽재구, 한양출판사, 1993)

용례(17)과 용례(18)에서 「끈끈」은 구체적인 촉각에서 추상적인 비유표현으로의 의미확장을 보여주고 있다. 용례(17)에서 거미줄의 상태와 혈액의 점성을 나타내는 「끈끈」은 용례(18)에서는 팀워크와 혈육에의 정을 나타내는 비유적인 표현으로 사용되고 있다. 촉각과 비유표현 모두 「-하다」와 결합하여 파생형용사로 사용되므로 공기하는 동사는 그다지 나타나고 있지 않다.

【표8】「끈적끈적」의 의미확장과 명사·동사 공기양상

	의미영역	용례수(비율)	공기명사	공기동사
끈적끈적(28)	촉각	21(75%)	과육(2) 눈자위 당분 테이프 혀 교무수첩 …	젖다(2) 스미다
	비유	7(25%)	인생 어둠발 개인전 가족구성원 삶의 이야기들 …	내려앉다

「끈적끈적」의 경우 촉각에서 비유표현으로의 의미확장이 나타나고 있다. 영역별 빈도수의 경우 촉각이 21개, 비유표현이 7개로서 촉각으로서의 쓰임이 많이 나타나고 있다. 촉각의 경우 「과육(2), 눈자위, 당분, 테이프, 혀, 교무수첩, 손수건, 만년필, 액체, 진땀, 김, 나무 식탁, 머리카락, 쥐새끼와 바퀴벌레, 냄새, 치즈, 점액, 음식, 코, 엿」 등의 명사와 공기하고 있으며 공기하는 동사로는 「젖다(2), 스미다」 등이 있다. 비유표현의 경우 「인생, 어둠발, 개인전, 가족구성원, 삶의 이야기들, 삶의 농축된 진액들, 인간」 등의 명사와 공기하고 있으며 공기하는 동사로는 「내려앉다」가 나타나고 있다.

(19) a. 팔꿈치를 대고 앉은 나무 식탁은 고기 기름 때문인지 끈적끈적했다. (하성란, 문학과지성사, 2002)

b. 1926년 미네소타 마이닝 매뉴팩처링회사(Minnesota Mining and Manufacturing; 3M)가 신개발품 끈적끈적한 테이프로서 어느 정도 값이 싼 접착용 테이프를 사용하기 시작했다. (도널 에이 부리스 지음/박명숙 옮김, 장락, 1994)

(20) a. 영화를 둘러싼 호불호의 감정은 영화 속의 바람난 가족 구성원들이 '지저분하거나 끈적끈적하지 않고' '쿨하고 깔끔하게' 처신하는 것에 대한 감정적 판단이 크게 작용했던 ... (한겨레신문사, 한겨레신문, 2003)

b. 피지, 케냐, 나이지리아, 탄자니아, 파푸아 뉴기니아…… 하나하나 친했다. 그들과 나눈 끈적끈적한 삶의 이야기들. 같이 마신 독한 필리핀 술. (이명훈, ㈜문학사상, 2004)

용례(19)와 용례(20)에서 「끈적끈적」은 구체적인 촉각에서 추상적인 비유표현으로의 의미확장을 보여주고 있다. 용례(19)에서 나무 식탁의 상태와 3M이 개발한 테이프의 점성을 나타내는 구체적인 감각인 「끈적끈적」

은 용례(20)에서는 영화 속 가족 구성원들의 성향과 여러 나라 사람들과 나눈 삶의 이야기를 나타내는 추상적인 의미로 사용되고 있다. 촉각과 비유표현 모두 「-하다」와 결합하여 파생형용사로 사용되므로 공기하는 동사는 그다지 나타나고 있지 않다.

4.3.4. 빳빳, 뻣뻣

【표9】 「빳빳」의 의미확장과 명사·동사 공기양상

	의미 영역	용례수 (비율)	공기명사	공기동사
빳빳 (32))	촉각	26(81%)	칼라(4) 냅킨(3) 피부 몸 새 빗자루 명함 새 책상 지폐 만원 짜리 수표 …	죄다 굳다 세우다
	비유	6(19%)	자세 의지 체질 긴장 목소리	

「빳빳」의 경우 촉각에서 비유표현으로의 의미확장이 나타나고 있다. 영역별 빈도수의 경우 촉각이 26개, 비유표현이 6개로서 촉각으로서의 쓰임이 많이 나타나고 있다. 촉각의 경우 공기하는 명사는 「칼라(4), 냅킨(3), 피부, 몸, 새 빗자루, 명함, 새 책상, 지폐, 만원 짜리, 수표, 막대기, 온몸, 콧방울, 종이」 등이 나타나고 있으며 공기하는 동사는 「죄다, 굳다, 세우다」 등이 나타나고 있다. 비유표현의 경우 「자세, 의지, 체질, 긴장, 목소리」 등의 명사와 공기하고 있다.

(21) a. 빳빳한 종이에 인쇄된 현란한 색깔의 호화스런 사진들이 눈을 침침하게 했다. (이승우, 문학과지성사, 2001)

b. 그 먼지 앉은 거울에 새로 지급받은 군관복의 빳빳한 칼라와 견장의 중별(佐官급 계급장)이 언뜻 비쳤던 것이다. (이문열, 민음사, 1984)

(22) a. 그의 목소리는 대체로 풀을 먹인 것처럼 빳빳했는데 그날은 그렇지 않았다. (이승우, 문학과지성사, 2001)

b. 그때까지도 사내는 목석처럼 미동조차 하지 않는 빳빳한 자세로 마당 가운데 버티고 서 있었다. (윤흥길, 문학사상사, 1987)

용례(21)과 용례(22)에서 「빳빳」은 구체적인 촉각에서 추상적인 비유표현으로의 의미확장을 보여주고 있다. 용례(21)에서 종이와 군곤복의 칼라를 나타내는 구체적인 감각인 「빳빳」은 용례(22)에서는 공감각적인 표현으로 목소리의 느낌과 자세를 나타내고 있다.

【표10】「뻣뻣」의 의미확장과 명사·동사 공기양상

	의미 영역	용례수 (비율)	공기명사	공기동사
뻣뻣 (39)	촉각	27(69%)	**신체**(21) 모가지 치마 돼지털 식빵	굳다(6)
	비유	12(31%)	수구파 얼굴 목소리	굳다 앉다

「뻣뻣」의 경우 촉각에서 비유표현으로의 의미확장이 나타나고 있다. 영역별 빈도수의 경우 촉각이 27개, 비유표현이 12개로서 촉각으로서의 쓰임이 많이 나타나고 있다. 촉각의 경우 공기하는 명사는 「신체(몸(3), 목(3), 털, 관절, 손등, 허리, 살갗, 수염, 뒷목, 오른팔, 근육, 뺨, 머리칼, 얼굴, 온몸, 등판)(21), 모가지, 치마, 돼지털, 식빵」 등이 나타나고 있으며 동사 「굳다(6)」와 공기하고 있다. 신체를 나타내는 명사와의 공기제약이 강하게 나타나고 있다. 비유표현의 경우 「수구파, 얼굴, 목소리」 등의 명사와 공기하고 있으며 공기하는 동사로는 「굳다, 앉다」 등이 나타나고 있다.

(23) a. 너무 많이 걸어서 다리의 근육이 뻣뻣해진 거라고 생각할 수도 있지만 꼭 그런 것 같지도 않았다. (이승우, 문학과지성사, 2001)

b. 나야 거기까지 오르는 것만 해도 종아리에서 허벅지까지 뻣뻣해지면서 쥐가 날 판이었단다. 그래도 어떡해, 쫓아가야지. (이혜경, 문학과지성사, 2002)

(24) a. 영달이는 처음엔 제법 뻣뻣하게 나왔다. "아저씨, 뭐 때문에 이러셔요? 이거 놔요!" (손춘익, 창작과비평사, 1980)

b. "쌩큐." 바이어가 담배를 입에 물었다. 그런데 중역이나 부장은 뻣뻣하게 앉아 있을 뿐 누구하나 성냥을 켜주지 않았다. (김양호, 영언문화사, 2001)

용례(23)과 용례(24)에서 「뻣뻣」은 구체적인 촉각에서 추상적인 비유표현으로의 의미확장을 보여주고 있다. 용례(23)에서 다리 근육과 종아리·허벅지의 상태를 나타내는 구체적인 감각인 「뻣뻣」은 용례(24)에서는 영달의 태도 그리고 중역이나 부장이 바이어를 대하는 자세·태도 등을 나타내는 추상적인 비유표현으로 의미확장하고 있다.

「빳빳」과 「뻣뻣」의 경우 양성모음과 음성모음의 대응을 가지고 있는데 구체적인 촉각을 나타내고 있을 경우 공기하는 명사에 차이점이 나타나고 있다. 즉 「빳빳」의 경우는 물건의 촉각을 나타내는 경우가 많은데 비해서 「뻣뻣」은 신체가 경직되어 있는 모습을 나타내는 경우가 21개로서 신체와의 공기제약이 강하게 나타난다고 볼 수 있다. 한편 추상적인 비유표현으로 사용될 경우는 사람의 태도나 자세 등을 나타내고 있는데 양성모음과 음성모음에 있어 이미지의 차이가 나타나고 있다. 즉 양성모음인 「빳빳」의 경우 사람의 자세나 태도가 상대에게 굴하지 않는 기개 등의 플러스적인 이미지를 나타내고 있는데 비해 음성모음인 「뻣뻣」의 경우는 고집스럽고 예의 없는 느낌을 나타내고 있는 등 마이너스적인 이미지를 나타내고 있다.

4.3.5. 따끔

【표11】「따끔」의 의미확장과 명사·동사 공기양상

	의미 영역	용례수 (비율)	공기명사	공기동사
따끔 (22)	촉각	3(14%)	침 맛	놓다 찌르다
	비유	19(86%)	충고(5) 맛(4) 각성 일침 위엄 다짐	꼬집다 지적하다 혼내다 당부하다 나무라다

「따끔」의 경우 촉각에서 비유표현으로의 의미확장이 나타나고 있다. 영역별 빈도수의 경우 촉각이 3개, 비유표현이 19개로서 비유표현으로서의 쓰임이 많이 나타나고 있다. 촉각의 경우 「침, 맛」 등의 명사와 공기하고 있으며 「놓다, 찌르다」 등의 동사와 공기하고 있다. 「따끔」의 경우 구체적인 감각인 촉각보다는 비유표현으로서의 빈도수가 많이 나타나고 있는데 비유표현의 경우 「충고(5), 맛(4), 각성, 일침, 위엄, 다짐」 등의 명사와 공기하고 있으며 공기하는 동사로는 「꼬집다, 지적하다, 혼내다, 당부하다, 나무라다」 등이 나타나고 있다.

(25) a. 그 말을 안 들어 주면 화가 나서 팔뚝에 침을 따끔 놓고 그 대신 사람한테 찰싹 얻어맞는 거랍니다. (김서정, 문학과지성사, 2001)

b. 어깨가 따끔거려 옷을 벗어 보았더니 살갗이 벗겨져 있었다. (국립국어원 표준국어대사전)

(26) a. "아니야, 이런 것들에겐 따끔한 맛을 보여 놔야 해. 말이 안 나오네. 하늘의 뜻이라고?" (김우경, 문학과지성사, 2002)

b. 모욕적인 일을 당해도 참다가 이래서는 안 되겠다고 한 번은 좀 따끔하게 충고를 했더니 뜻밖에도 아무 변명조차 하지 못하고 쑥 기어 들어갔다. (이오덕, 한길사, 1989)

용례(25)와 용례(26)에서 「따끔」은 구체적인 촉각에서 추상적인 비유표현으로의 의미확장을 보여주고 있다. 용례(25)에서 모기에게 쏘이는 느낌과 살갗에 느끼는 통증을 나타내는 구체적인 감각인 「따끔」은 용례(26)에서는 잘못을 혼내주거나 충고를 할 때 추상적인 의미로 사용되고 있다. 용례(26a)의 「따끔한 맛」의 경우 구체적인 미각으로서의 맛을 나타내고 있는 것이 아니라 「혼을 내다」라는 관용적 표현으로 사용되고 있다.

4.3.6. 눅눅

【표12】「눅눅」의 의미확장과 명사·동사 공기양상

	의미 영역	용례수 (비율)	공기명사	공기동사
눅눅 (20)	촉각	17(85%)	습기(2) 바닷가 밤공기 여름날씨 땅바닥 벽지 …	
	비유	3(15%)	마음 정신 기분	

「눅눅」의 경우 촉각에서 비유표현으로의 의미확장이 나타나고 있다. 영역별 빈도수의 경우 촉각이 17개, 비유표현이 3개로서 촉각으로서의 쓰임이 많이 나타나고 있다. 촉각의 경우 「습기(2), 바닷가 밤공기, 여름날씨, 땅바닥, 벽지, 아궁이, 안개, 차 안, 봉놋바닥, 실내, 이부자리, 장맛비」 등의 명사와 공기하고 있으며 비유표현의 경우는 「마음, 정신, 기분」 등과 공기하고 있다. 촉각과 비유표현 모두 「-하다」와 결합하여 파생형용사로 사용되므로 공기하는 동사는 나타나고 있지 않다.

(27) a. 코에 닿은 벽지는 눅눅했고 냄새가 났다. 낮은 목소리들이 잠을 부추겼다. (하성란, 문학과지성사, 2002)

b. 김은 공기 중에 습기를 잘 빨아들여 금세 눅눅해지고 햇빛에 노출되면 적갈색으로 변하기 쉽기 때문에 서늘한 곳에 잘 밀폐시켜 (좋은생각, 좋은생각, 2000)

(28) a. 이른 아침에 한바탕 스콜이 쏟아지더니 하늘은 먹구름으로 가득하다. 기분은 눅눅하지만 뜨겁지 않아 좋다. (유재현, ㈜창비, 2003)

b. 극장을 나서니까 오후라서 볕이 환한데 물 먹은 솜처럼 눅눅한 마음은 싱숭생숭, 어떻게 해볼 도리가 없는 거야. 그래서였을 거야. (이혜경, 문학과지성사, 2002)

용례(27)과 용례(28)에서 「눅눅」은 구체적인 촉각에서 추상적인 비유표현으로의 의미확장을 보여주고 있다. 용례(27)에서 벽지의 상태와 습기를 빨아들인 김의 상태를 나타내는 「눅눅」은 용례(28)에서는 사람의 기분과 마음을 나타내는 비유표현으로 사용되고 있다.

Korean and Japanese Synaesthetic Onomatopoeia-
From Sense to Emotion·Psychology

일본어 공감각(共感覺) 오노마토피어의 의미확장과 명사·동사 공기제약

-「촉각」을 나타내는 오노마토피어를 중심으로-

05

5.1. 다의성에 있어서 「유계성(有契性)」

5.2. 「かさかさ」와 「がさがさ」

5.3. 「かちかち」와 「がちがち」

5.4. 「かりかり」와 「がりがり」

5.5. 「こりこり」와 「ごりごり」

5.6. 「さくさく」와 「ざくざく」

5.7. 「さらさら」와 「ざらざら」

5.8. 「しっとり」와 「じっとり」

5.9. 「とろとろ」와 「どろどろ」

5.10. 「ばさばさ」와 「ぱさぱさ」

5.11. 「ひりひり」「びりびり」「ぴりぴり」

5.12. 「べたべた」와 「ぺたぺた」

05

일본어 공감각(共感覺) 오노마토피어의 의미확장과 명사·동사 공기제약

-「촉각」을 나타내는 오노마토피어를 중심으로-

본 절에서는 일본어 공감각 오노마토피어의 의미확장 중 가장 기본적인 감각인 촉각이 청각·시각·비유표현 등 다른 의미영역으로 의미가 확장되어 갈 때 청·탁의 대응을 이루는 페어에 있어서 서로 다른 의미확장 양상이 나타나고 있으며 그 빈도수에 있어서도 차이점이 나타난다는 사실에 주목하여 고찰을 행하기로 한다. 또한 의미확장에 따라 공기하는 명사·동사의 양상이 달라지므로 실제 코퍼스에서 추출한 용례를 중심으로 각 의미 영역별 명사·동사 공기양상을 분석한다. 이 때 구체적 감각을 나타내는 경우와 추상적 비유표현으로의 의미확장이 이루어지는 경우 명사·동사와의 공기제약에도 차이점이 나타나므로 이에 관해서도 고찰해 보기로 한다.

5.1. 다의성에 있어서 「유계성(有契性)」

이케가미(池上 : 1975 pp.225-226)는 다의성을 유발하는 원인으로서 「자의성(恣意性)」과 「유계성(有契性)」을 들고 있다. 오노마토피어의 의미확장과 관련이 있는 것은 「유계성(有契性)」으로서 이는 「음적인 유계성」「형태적인 유계성」「의미적인 유계성」으로 나누어진다.[08]

> 第1は「音的な有契性」であり、ここにはいわゆる擬声語のたぐいが入る。たとえば犬の鳴声を表して用いられる「ワンワン」や bowbow という表現は現実の犬の鳴声とある程度の類似性を有しており、したがって犬の鳴声をそのような特定の語形で表すのは全くいわれのないことではないという発想である。…中略… 第2は「形態的な有契性」である。これは派生語、複合語の場合に見られるもので、語全体の意味が語の構成する部分の意味によって規定されているということである。…中略… 第3は「意味的な有契性」である。これはある語のある意味は同じ語の他の意味と意味上何らかの関連性があるということである。たとえば、「あし」や legという語の有する〈机(など)のあし〉という意味はそれらの語のもつ他の意味、〈人(など)のあし〉という意味と位置的、機能的にある種の類似性がある。つまり、それらの語が〈机(など)のあし〉の意味を有しているのは全くいわれのないことではないのである。
>
> 池上(1975 : pp.225-226)

제1은 「음적인 유계성」으로서 의성어와 같은 종류가 있다. 예를 들면 개

---

08 이케가미(池上 : 1975)에 앞서 울만(Ullmann : 1962 pp.80-93)에서는 「음적인 유계성」「형태적 유계성」「의미적인 유계성」을 「Phonetic Motivation(Onomatopoeia)」「Morphological Motivation」「Semantic Motivation」으로 나누어 살펴보고 있다.

> 가 짖는 소리를 나타내는 「ワンワン」이나 「bowbow」라는 표현은 현실의 개의 울음소리와 어느 정도 유사성을 가지고 있으며 따라서 개의 울음소리와 같은 특정 어형에서 나타내는 것은 문제가 되지 않는다. …중략… 제2는 「형태적인 유계성」이다. 이는 파생어, 복합어의 경우에 나타나는 것으로서 어 전체의 의미가 어가 구성하는 부분의 의미에 의해서 규정된다고 하는 것이다. …중략… 제3은 「의미적인 유계성」이다. 이는 어의 어떤 의미는 동일한 어의 다른 의미와 의미상 어떤 관련성이 있다고 하는 것이다. 예를 들면 「あし」와 「leg」라고 하는 어가 가지는 〈机(など)のあし 책상(등의) 다리〉라는 의미는 그러한 어가 가지는 다른 의미 〈人(など)のあし 사람(등의) 다리〉라고 하는 의미와 위치적, 기능적으로 어떤 종류의 유사성이 있다. 결국 이들 어가 〈机(など)のあし 책상(등의) 다리〉의 의미를 가지고 있는 것은 분명한 것이다.

일본어 오노마토피어의 의미확장에 있어서 큰 역할을 하고 있는 것은 「음적인 유계성」과 「의미적인 유계성」이다. 오노마토피어의 경우 음에서 느끼는 감각에서 촉각·시각·비유표현까지 의미가 확장해 간다. 또한 이러한 「음적인 유계성」은 청·탁의 대응을 이루는 페어에 있어서는 그 음과 의미와의 「유계성(有契性)」을 가장 명확히 나타내고 있다. 예를 들면 「かさかさ:がさがさ」의 경우는 청·탁의 대응을 이루는 페어로서 청각에서 촉각·비유표현으로 의미가 확장해 간다.

(1) a. カサカサと葉の鳴る音がする。見上げると、栗鼠と眼が合う。(街の灯 文藝春秋 2003)

b. 皮膚はかさかさに乾き、掌は大理石の冷たさだったのを記憶してます。(掌の酒 たる出版 1995)

c. 心がかさかさに疲れているときや寒い日の夜、そんなときにおすすめの一冊です。(広報なかがわ 福岡県筑紫郡那珂川町 2008)

용례(1)에서 「かさかさ」는 나뭇잎이 내는 소리에서 피부의 건조함을 나타내는 촉각으로, 그리고 마음의 상태를 나타내는 비유표현으로 의미가 확장해 간다. 이 경우 용례(1a)에서 용례(1b)로의 의미확장은 마른 나뭇잎이 내는 소리에서 연상된 이미지가 피부의 건조함을 나타내는「음적인 유계성」에 의한 의미확장이며 용례(1b)에서 용례(1c)로의 의미확장은 구체적인 감각인 건조함을 나타내는 촉각에서 메마르게 지쳐있는 마음상태를 나타내는 비유표현으로 「의미적인 유계성」에 의한 의미확장이라고 볼 수 있다. 각각의 의미확장에 있어서 공기하는 명사·동사에도 차이점이 나타난다.

(2) a. 紙がこすれるガサガサという音がした。(レッドウッドの森 ソニー·マガジンズ 2001)

b. かかとががさがさで、硬くなってきています。(Yahoo!知恵袋 Yahoo! 2005)

c. 政界でこそ河野氏はガサガサしているが、新聞記者時代の彼は一個の好青年だった。(男でござる 山手 1981)

용례(2)의 「がさがさ」는 「かさかさ」와 청·탁의 대응을 이루는 페어로서 용례(1)의 「かさかさ」와 거의 동일한 의미확장을 보이고 있다. 용례(2a)에서는 종이가 스치는 소리를 나타내고 있으며 용례(2b)에서는 발뒤꿈치가 건조해서 딱딱하게 되어 있는 모습을 나타내고 있다. 용례(2a)에서 용례(2b)로의 의미확장은 「음적인 유계성」에 의한 의미확장이라고 볼 수 있겠다. 즉 무엇인가 건조한 것이 내는 소리에서 연상된 이미지에서 용례(2b)와 같이 피부가 건조한 모습을 나타내는 촉각으로 의미가 확장하고 있는 것이다. 또한 이러한 이미지는 용례(2c)와 같이 사람의 성격과 같은 비유표현으로까지 의미가 확장하여 「의미적인 유계성」에 의한 의미확

장이 나타나고 있다. 각각의 의미확장에 있어서 공기하는 명사·동사에도 차이점이 나타난다.

이상과 같이 일본어 오노마토피어는 단일어휘 내부에 있어서 「음적인 유계성」「의미적인 유계성」에 의한 의미확장을 보여주고 있으며 청·탁 대응을 이루는 페어에 있어서도 음적 대응이 의미적 대응으로 연결되고 있다.

5.2. 「かさかさ」와 「がさがさ」

【표1】「かさかさ」와「がさがさ」[09]

	의미영역	용례수(비율)	공기명사	공기동사
かさかさ(90)	청각	24(27%)	葉 新緑 包装紙やデパートの袋	鳴る こすれる
	촉각	62(69%)	**身体**(55) パンツ ステンパイプの裏面 オルゴール …	乾く 枯れる 荒れる
	비유	4(4%)	心 小説 声	疲れる 乾く
がさがさ(46)	청각	26(57%)	紙 ビニール 新聞 枕 木 天井 砂利 簟笥	叩く 揺れる 鳴る 云う 動かす ふむ こじ開ける
	촉각	18(39%)	**身体**(15) 木の葉 木	
	비유	2(4%)		走る

「かさかさ」와 「がさがさ」의 경우 청각·촉각·비유표현이라고 하는 거의 동일한 의미확장 양상이 나타나고 있으며 의미영역별 빈도수에 있어서는 「かさかさ」가 촉각, 청각, 비유표현 순으로 나타나고 있는데 비해 「がさがさ」는 청각, 촉각, 비유표현의 순으로 나타나고 있다. 「かさかさ」

09 【표】에서 진하게 표시된 부분은 공기제약이 강하게 나타나는 명사·동사이다. 【표1】의 경우 「かさかさ」「がさがさ」 둘 다 신체를 나타내는 명사와의 공기제약이 강하게 나타나고 있다.

의 경우 청각, 촉각, 비유표현 중 전체의 69%에 달하는 용례가 촉각에 집중되어 나타나고 있으며 공기하는 명사는 신체와 관련된 명사가 촉각을 나타내는 용례 62개 중 55개로서 신체의 일부가 건조한 모습을 집중적으로 나타내고 있다. 「かさかさ」와 청·탁의 대응을 이루는 「がさがさ」의 경우도 청각에서 촉각, 그리고 비유표현으로의 의미확장이 나타나고 있는데 이 중 청각을 나타내는 빈도수가 높게 나타나고 있다. 다만, 「かさかさ」와 마찬가지로 「がさがさ」도 촉각의 경우 신체의 일부가 건조한 모습을 나타내는 용례가 많이 나타나고 있다.

(3) a. 新緑が気持ちよさそうにカサカサと音をたてて揺れている。(西アフリカ放浪 文芸社 2005)

b. 包装紙やデパートの袋のかさかさとこすれる音や見知らぬ人がにこやかに交わすクリスマスの挨拶。(レタスクラブ SSコミュニケーションズ 2003)

용례(3)에서는 신록, 포장지, 백화점 봉투 등이 내는 소리를 나타내고 있으며 주로 「こすれる」「鳴る」「音がする」「音を立てる」 등의 표현과 함께 나타난다.

(4) a. ほかのみんなもかさかさに荒れた手をさすりながら、目をうるませている。(ぼけナース メディアワークス;主婦の友社(発売) 1998)

b. まる二日間肌はカサカサ状態でした。(洗剤が消える日。ダイヤモンド社 2001)

용례(4)에서는 손, 피부 등이 수분이 없이 거친 모습을 나타내고 있는데 촉각을 나타내는 경우 공기하는 명사는 「皮膚 手 肌 ほっぺ 唇 顔

目 指 かかと 爪 足 頬 …」 등 신체의 일부를 나타내고 있는 경우가 대부분이며 신체 이외에 「パンツ ステンパイプの裏面 オルゴール 水虫 枯葉 …」 등의 명사와 함께 나타나고 있다. 공기하는 동사는 「乾く 枯れる 荒れる」 등이 나타나지만 대부분의 경우 「~だ」「~する」「~になる」 등의 형태로 특별한 동사제약은 나타나고 있지 않다.

(5) 甲高く細い声で、カサカサに乾いていた。(M.R.ジェイムズ怪談全集 東京創元社 2001)

용례(5)에서는 비유표현으로서 촉각에서 연상된 이미지가 목소리의 상태를 나타내고 있다. 이 경우는 공기하는 명사·동사에 특별한 제약은 나타나지 않는다.

「かさかさ」와 청·탁의 대응을 이루는 「がさがさ」는 「かさかさ」에 비해 음을 나타내는 의미로 많이 사용되고 있으며 촉각의 경우 「かさかさ」와 마찬가지로 신체의 건조함을 나타내는 의미로 사용된다.

(6) a. 「つまり」父は新聞をがさがささせながら言った。(禁断のときめき ハーレクイン 2005)

b. 窓の外に見える木ががさがさ揺れるので、リスが来たのかとフランクは窓に走り寄る。(ニューヨークの半熟卵 ビレッジブレス 2003)

용례(6)에서는 「がさがさ」가 신문이나 나무의 소리를 나타내고 있는데 청각, 촉각, 비유표현 중 청각의 사용빈도가 가장 많이 나타나고 있다. 공기하는 명사로는 「紙 ビニール 新聞 枕 木 天井 砂利 箪笥」 등이 나타나고 있으며 공기하는 동사로는 「叩く 揺れる 鳴る 云う 動かす ふむ こじ開ける」 등이 나타나고 있으나 특정한 명사·동사와의 제약은 보이지 않는다.

(7) a. 指もツメも乾燥してガサガサでは、がっかりです。(ロングル·アージュのネイルアート&ネイルケア 日本文芸社 2000)

b. 表面がツルツルよりもガサガサの木のほうがよく聞こえます。(小六教育技術 小学館 2005)

용례(7)에서는 손가락, 손톱, 나무 등이 건조한 모습을 나타내고 있는데 공기하는 명사로는 「かかと 手 肌 指 口当たり 体 皮膚 …」 등 신체를 나타내는 명사가 대부분을 차지하고 있으며 그 외에 「木の葉 木」 등이 나타나고 있다. 촉각의 경우 「~だ」「~する」 등의 형태로 나타나는 것이 대부분으로 공기하는 동사는 나타나고 있지 않다.

(8) モップのようでガサガサ走って逃げる姿以前よりちょっと痩せてしまっていたけれど… (Yahoo!ブログ Yahoo! 2008)

용례(8)에서는 「がさがさ」가 비유표현으로서 나타나고 있는데 용례 수도 극소수이고 공기하는 명사·동사에도 특별한 제약은 나타나고 있지 않다.

「かさかさ」「がさがさ」의 경우 청각과 촉각 등 구체적인 감각을 나타내는 경우에는 의미적 대응을 이루고 공기하는 명사·동사도 유사하다. 하지만 추상적인 비유표현으로 의미가 확장하면 의미적 대응은 이루어지지 않게 된다.

5.3. 「かちかち」와 「がちがち」

【표2】 「かちかち」와 「がちがち」

	의미 영역	용례수 (비율)	공기명사	공기동사
かちかち (69)	청각	33(48%)	**歯**(13) 小石 爪 セルモーター 計器 キー 置時計 とけい …	鳴る 鳴らす 噛む
	촉각	34(49%)	**食べ物**(10) 背中 プラグコード 足 首筋 古粘土 …	凍る(8) 固まる 固着する 強ばる 凍える
	비유	2(3%)	男 顔	
がちがち (54)	청각	15(28%)	**歯**(13) 拳銃の撃鉄	鳴る 鳴らす 嚙み合う
	촉각	14(26%)	身体 車輪 背中と腰 髷 手首 臀 肩 氷 パピコ ブレーキ …	固める 凍る
	비유	25(46%)	チーム全員 両親 著作権 石頭 乗り心地 軍人 …	固める 緊張する

「かちかち」와 「がちがち」의 경우 청각·촉각·비유표현이라고 하는 거의 동일한 의미확장 양상이 나타나고 있으며 의미영역별 빈도수에 있어서는 「かちかち」가 청각, 촉각이 비슷한 비율로 나타나고 있는데 비해 「がちがち」는 비유표현이 가장 많이 나타나고 있으며 청각, 촉각은 비슷한 비율로 나타나고 있다. 청각의 경우 「かちかち」와 「がちがち」 둘 다 이가 떨리거나 부딪히는 소리를 나타내는 경우가 많았으며 촉각의 경우 「かちかち」는 음식을 나타내는 명사와의 공기제약이 나타나고 있으나 「がちがち」는 특별한 명사·동사 제약은 나타나고 있지 않다.

(9) a. 鉄男の歯が、カチカチと音を立てた。(ザホームレス！大逆転 文芸社 2002)

b. 林の中では、小石をカチカチさせてリスをいっぱいおびきだした。(きょうも朝から夏やすみ 佼成出版社 1990)

용례(9)에서 「かちかち」는 「歯」「小石」가 내는 소리를 나타내고 있다. 이외에도 「爪 セルモーター 計器 キー 置時計 とけい 水温計」 등의 명사와 함께 나타나고 있으며 「鳴る 鳴らす 噛む」 등의 동사와 함께 나타난다. 「歯」 이외의 명사와는 특별한 공기제약을 보이고 있지 않다.

(10) a. 冷凍庫から出したアイスクリームがカチカチに凍りすぎていて、とても食べにくいことがあります。(伊東家の食卓裏ワザ大全集 日本テレビ放送網 2000)

b. お砂糖を使いたいのに、カチカチになっていて困ったことはありませんか？(伊東家の食卓裏ワザ大全集 日本テレビ放送網 2000)

용례(10)에서는 「かちかち」가 아이스크림이나 설탕이 단단하게 굳어 있는 상태를 나타내고 있다. 주로 「お菓子 マグロの刺身 アイスクリーム 砂糖 ご飯」 등 음식과 관련된 명사와 공기하는 경우가 많으며 이외에도 「背中 プラグコード 足 首筋 古粘土 岩層 湖面」 등과도 공기한다. 공기하는 동사의 경우 「凍る」가 가장 많이 나타나고 있으며 「固まる 固着する 強ばる 凍える」 등과 함께 원래는 딱딱하지 않은 것이 상태의 변화가 생겨 수분이 없이 딱딱해지는 모습을 나타내고 있다.

(11) a. かちかちにかたい男だというので、「罐詰め」というあだ名がついた。(城山三郎全集 新潮社 1980)

b. 最初からカチカチの顔をみせてしまうと、まわりから「こいつ大丈夫かな」って思われて… (Yahoo!知恵袋 Yahoo! 2005)

용례(11)은 「かちかち」가 구체적인 촉각이 아니라 비유표현으로 나타나는 경우로서 남자의 성격이나 긴장으로 인해 얼굴이 딱딱하게 굳은

모습을 나타내고 있다. 비유표현으로 사용될 경우 특정 명사·동사와의 공기제약은 나타나지 않는다.

(12) a. ティウリは、寒さで歯がガチガチ鳴り、手足の感覚がなくなった。(王への手紙 岩波書店 2005)

b. かれは歯をガチガチ鳴らして、にやりと笑った。(アウストラロピテクス 新潮社 1998)

「がちがち」는 용례(12)에서와 같이 청각을 나타내는 용례 15례 중 13례가 「歯」와 함께 나타나고 있으며 「鳴る 鳴らす 噛み合う」 등의 동사와 함께 나타나는 등 청·탁의 대응을 이루는 「かちかち」와 유사한 양상이 나타나고 있다.

(13) a. ブレーキのほうはガチガチになりました。(Yahoo!ブログ Yahoo! 2008)

b. 美味しく食べられます。これは、がちがちのカップアイスにも役立ちます。(Yahoo!ブログ Yahoo! 2008)

용례(13)에서 「がちがち」는 촉각을 나타내고 있는데 공기하는 명사는 「身体 車輪 背中と腰 髷 手首 臀 肩 氷 パピコ ブレーキ 筋肉 トースト カップアイス」 등이 있으며 「固める 凍る」 등의 동사와 함께 나타나기도 하나 대개는 「~だ」의 형태로 특정 명사·동사와의 공기제약은 나타나지 않는다.

「かちかち」의 경우 전체 69례 중 단 2례가 비유표현으로 나타나고 있는데 비해 「がちがち」는 전체 54례 중 25례 즉 46%가 비유표현으로 나타나고 있다. 이는 소리와 촉각에서 연상된 이미지가 추상적인 비유표

현으로 의미가 확장되고 있는 경우이다.

(14) a. そうでもなければ私はがちがちに緊張していたに違いない。(告白 角川書店 2005)

b. やつらは猛烈に保守的だ。ガチガチの道徳屋だ。(半熟マルカ魔剣修行！早川書房 2000)

용례(14)에서 「がちがち」는 긴장한 모습과 사람의 성격 등을 나타내고 있다. 이 경우 「チーム全員 両親 著作権 石頭 乗り心地 軍人 スポーツ·キャスター 灰色ばば 教育 ハイテク人間 守備 メカニカル派 曲」 등 다양한 명사와 함께 나타나고 있으며 함께 나타나는 동사는 「固める 緊張する」 정도로 대개 「~だ」의 형태로 특정 명사·동사와의 공기제약은 나타나지 않는다.

「かちかち」「がちがち」의 경우 청각·촉각 등 구체적 감각인 경우 의미적 대응을 이루고 있으며 공기하는 명사·동사도 유사하다. 그러나 추상적인 비유표현으로 의미가 확장하면 의미적 대응은 이루어지지 않게 된다.

5.4. 「かりかり」와 「がりがり」

【표3】「かりかり」와 「がりがり」

	의미영역	용례수(비율)	공기명사	공기동사
かりかり(123)	청각	12(10%)	イヤホン	嚙む
	촉각	88(71%)	**食べ物**(87) 袋	**焼く**(11) 炒める(4) 揚げる(1)
	비유	23(19%)	神経 頭	掻く

がりがり(103)	청각	35(34%)	頭 氷 こしょう 頬 蓬髪 硬い雪 歯 ギア 豆 車のお尻 ドア	掻く 削る かく 引っ掻く かじる かきむしる かきまわす …
	촉각	9(9%)	青梅 生地 かき氷 かかと コーヒー·メレンゲ	
	시각	55(53%)	犬 猫 人間 体 人 子供	**やせる**(9) やせこける(2)
	비유	4(4%)	受験勉強	仕事する 勉強する

「かりかり」는 청각·촉각·비유표현으로의 의미확장이 나타나고 있으며 의미영역별 빈도수에 있어서는 촉각이 71%로 가장 많이 나타나고 있다. 「がりがり」의 경우 청각·촉각·시각·비유표현으로의 의미확장이 나타나고 있는데 「かりかり」와는 달리 촉각을 나타내는 표현이 9%에 불과하고 청각을 나타내는 표현이 34%, 그리고 사람이 마른 모습을 나타내는 표현이 53%를 차지하고 있다. 「かりかり」는 촉각으로 사용되는 빈도수가 높게 나타나고 있는데 촉각을 나타내는 88례 중 87례가 음식을 나타내는 명사와 공기하고 있으며 청각과 비유표현의 경우 특별한 명사·동사 제약은 나타나지 않는다. 「かりかり」와 청·탁의 대응을 이루는 「がりがり」는 촉각의 경우 빈도수도 낮고 특별한 명사·동사 제약이 나타나지 않는데 비해 청각과 시각에서의 빈도수가 높게 나타나고 있다. 청각의 경우 특별한 명사·동사 제약이 나타나고 있지 않으나 사람이 마른 모습을 나타내는 경우 동사 「やせる」와의 공기제약이 강하게 나타나고 있다.

(15) a. 耳に差したイヤフォンがかりかりと音をたて、声が流れた。(バディソウル 光文社 2005)

b. カウンターの上の方で、カリカリと音がした。(三毛猫ホームズの世紀末 角川書店 2004)

용례(15)에서는 「かりかり」가 청각을 나타내는 표현으로서 주로 「音をたてる」「音がする」 등의 표현과 함께 쓰이며 특별한 명사·동사제약은 나타나지 않는다.

(16) a. ベーコンをカリカリになるまで炒める。(Piatto別所哲也のまいにちかんたん88レシピ ぴあ中部支局 2004)

b. 三角に切ったパンをカリカリに焼いて並べます。(ＬＥＥ（リー）集英社 2003)

용례(16)에서는 「かりかり」가 촉각을 나타내고 있는데 「袋」를 제외한 87례가 음식을 나타내는 명사 「ベーコン(14) パンプディング 梅干 かつお 梅 クッキー ココナッツ チーズ 豚肉 …」 등과 공기하고 있으며 공기하는 동사는 「焼く(11) 炒める(4) 揚げる(1)」 등이 나타나고 있다. 촉각을 나타내는 「かりかり」의 경우 공기하는 명사·동사에 제약이 강하게 나타난다고 볼 수 있겠다.

(17) a. ピンチのときほど平常心！カリカリして得することは何もあることはありません。(Yahoo!ブログ Yahoo! 2008)

b. 本人が一番カリカリして辛いのです。(Yahoo!知恵袋 Yahoo! 2005)

용례(17)에서는 신경이 날카로워져 화내는 모습을 나타내는 비유표현으로서 주로 「~する」형태로 사용되며 공기하는 명사·동사에 특별한 제약은 나타나지 않는다.

이상 촉각과 비유표현에 많은 빈도수를 보이는 「かりかり」와는 달리 「がりがり」의 경우는 청각과 사람이 마른 모습을 나타내는 시각에 집중되어 나타나고 있다.

(18) a. そして買ってきた豆をガリガリと手動で挽いて珈琲を入れます。(Yahoo!ブログ Yahoo! 2008)
b. もう一つ氷をガリガリ食べたくなるのも同じ。(Yahoo!知恵袋 Yahoo! 2005)

용례(18)에서 「がりがり」는 딱딱한 콩이나 얼음이 내는 소리를 나타내고 있다. 청각을 나타내는 경우 공기하는 명사는 「頭 氷 こしょう 頬 蓬髪 硬い雪 歯 ギア 豆 車のお尻 ドア」 등이 있으며 공기하는 동사는 「掻く 削る かく 引っ掻く かじる かきむしる かきまわす 逃げる 食べる 砥ぐ」 등으로 특별한 명사·동사 제약은 나타나지 않는다.

(19) a. ガリガリの青梅ではなくほんの少し柔らかくなって安くなってた梅を使ったからどう… (Yahoo!ブログ Yahoo! 2008)
b. かかとがガリガリです。なめらかにしたいんです。(Yahoo!知恵袋 Yahoo! 2005)

용례(19)에서는 「がりがり」가 덜 익은 푸른 매실과 발뒤꿈치의 촉감을 나타내고 있다. 공기하는 명사로는 「青梅 生地 かき氷 かかと コーヒー·メレンゲ」가 있으며 촉각의 경우 「~する」 「~だ」의 형태로 공기하는 동사는 나타나지 않는다.

(20) a. ほとんどのネコは、ガリガリにやせていた。(<パリ写真>の世紀 白水社 2003)
b. 極端に太っている人と、ガリガリにやせている人。(Yahoo!知恵袋 Yahoo! 2005)

용례(20)에서 「がりがり」는 고양이와 사람이 마른 모습을 나타내고 있는데 동사 「やせる」와의 공기제약이 강하게 나타나고 있다.

(21) a. だから受験勉強もガリガリやってはいない。(週刊朝日 朝日新聞社 2005)

b. あした…いや今日からガリガリ仕事します！(Yahoo!ブログ Yahoo! 2008)

용례(21)에서 「がりがり」는 비유표현으로서 공부나 일을 열심히 하는 모습을 나타내고 있다.

「かりかり」와 「がりがり」는 청각·촉각까지는 물건의 소리, 딱딱한 촉감을 나타내는 등 의미적 대응이 이루어지고 있으나 용례(20)에서와 같이 사람·동물이 마른 모양 그리고 용례(21)에서와 같은 추상적인 비유표현에 이르러서는 더 이상 의미적 대응이 이루어지고 있지 않다.

5.5. 「こりこり」와 「ごりごり」

【표4】「こりこり」와 「ごりごり」

	의미영역	용례수(비율)	공기명사	공기동사
こりこり(54)	청각	2(4%)	骨 柴漬け	鳴らす 噛む
	촉각	52(96%)	**食べ物**(30) **身体**(22)	締める たべる 転がす もみほぐす 発見する
ごりごり(20)	청각	7(35%)	車体の底 木製車輪 木	けずる 噛む 削る
	촉각	5(25%)	頭と首の境目 シフト 胸	
	비유	8(40%)	社会党 民族主義者	押す やる

「こりこり」는 청각에서 촉각으로의 의미확장이 나타나고 있으며 의미영역별 빈도수에 있어서는 촉각이 96%로 거의 대부분의 용례가 촉각을

나타내고 있다. 촉각을 나타내는 경우 공기하는 명사는 주로 음식을 나타내는 명사와 신체를 나타내는 명사로서 명사제약이 강하다고 볼 수 있겠다. 「こりこり」와 청·탁의 대응을 이루는 「ごりごり」의 경우 청각·촉각에서 비유표현으로의 의미확장이 나타나고 있는데 「こりこり」와는 달리 청각·촉각·비유표현이 골고루 나타나고 있으며 특별한 명사·동사 제약은 나타나고 있지 않다.

(22) a. 宗和は肩先の骨をコリコリと鳴らした。(洛中の露 新潮社 1998)
b. 柴漬けをコリコリ嚙みながら堂本が言う。(文藝 河出書房新社 2004)

용례(22)에서 「こりこり」는 소리를 나타내고 있으며 전체 54례 중 2례가 나타나고 있다. 「こりこり」의 경우 대부분이 촉각을 나타내고 있다.

(23) a. 新鮮な魚はコリコリした歯ごたえがあり、あまり脂ののった感じはしません。(Yahoo!知恵袋 Yahoo! 2005)
b. その部分の肌は固くこりこりしていて、それが幾つかある。(現代文 教育出版株式会社 2007)

용례(23)에서는 「ころこり」가 신선한 생선의 식감, 피부의 촉감을 나타내는 촉각으로서 전체 52례 중 30례가 음식을 나타내는 명사 「イカ 鶏肉 砂肝 サラダ ブタの脂身 アワビ 魚 タコ アスパラ 海草の酢の物 …」, 22례가 신체를 나타내는 명사 「肌 上唇 指先 胸 肩から腰 肩 …」와 공기하고 있는 등 명사제약이 강하게 나타나고 있다. 공기하는 동사는 「締める たべる 転がす もみほぐす 発見する」 등이 있으나 대부분 「~する」「~だ」의 형태로 특별한 공기제약은 나타나고 있지 않다.

(24) a. 木は挽き切れば、ゴリゴリと音がする。(近代庶民生活誌 三一書房 1991)

b. 頭と首の境目がごりごりしていたのもきちんと場所に収まったみたいで気持ちいい。(Yahoo!ブログ Yahoo! 2008)

c. 連中、やたら厳しい条件でゴリゴリ押して来たんじゃないですか。(不毛地帯 新潮社 1978)

「ごりごり」는 용례(24)에서와 같이 딱딱한 것이 부딪힐 때 나는 소리에서 딱딱한 촉감, 그리고 완고하게 일을 진행하는 비유표현으로 의미확장이 이루어지고 있다. 청음 「こりこり」가 촉각을 나타내는 표현에서 공기하는 명사제약이 강하게 나타나는 데 비해 「こりこり」와 청·탁의 대응을 이루는 「ごりごり」는 청각, 촉각, 비유표현에 있어 특별한 공기제약이 나타나지 않는다.

5.6. 「さくさく」와 「ざくざく」

【표5】「さくさく」와「ざくざく」

	의미영역	용례수(비율)	공기명사	공기동사
さくさく(175)	청각	7(4%)	霜 霜ばしら 足音 くわ ムギ	踏む けちらす 切り裂く つかう かる 噛む
	촉각	112(64%)	**食べ物**(111) 砂浜	揚がる
	비유	56(32%)	出品物 回収 操作 書類 講習会 マシン 準備	見える 見る 動く 組み上げる 削る 行く 動かす 出来る…
ざくざく(21)	청각	3(14%)	雪	踏む 鳴らす
	촉각	4(19%)	サブレ ポテチ 生地	
	시각①	5(24%)	材木 映画	斬る 書く 出て ある
	시각②	9(43%)	皮 イチゴ キャベツ 野菜	割る カットする 切る

「さくさく」는 청각·촉각·비유표현으로의 의미확장이 나타나고 있으며 의미영역별 빈도수에 있어서는 촉각이 64%로 가장 많이 나타나고 있다. 촉각으로 사용되는 112례 중 111례가 음식을 나타내는 명사와 공기하여 명사제약이 강하게 나타나고 있다. 「さくさく」와 청·탁의 대응을 이루는 「ざくざく」의 경우 청각·촉각·시각으로의 의미확장이 나타나고 있는데 「さくさく」와는 달리 촉각을 나타내는 표현보다 시각을 나타내는 표현이 다수를 차지하고 있다.

(25) a. 多くの学生にサクサクという霜を踏む音が伝わった。(大学で教える小論文の書き方 オーエス出版 2003)

b. さくさくとムギをかるいい音がつづいて、またねむくなった。(いまえよしとも1年生のどうわ 理論社 1986)

용례(25)에서 「さくさく」는 서리를 밟을 때 나는 소리, 보리를 벨 때 나는 소리를 나타내고 있는데 공기하는 명사·동사에 있어 특별한 제약은 나타나지 않는다.

(26) a. りんごはサクサク感が残っており、りんごの味も出ています。(Yahoo!ブログ Yahoo! 2008)

b. 天麩羅サクサクだったそうです。(Yahoo!ブログ Yahoo! 2008)

용례(26)에서는 「さくさく」가 사과와 튀김의 식감을 나타내고 있는데 촉각을 나타내는 용례 112례 중 111례가 음식을 나타내는 명사 「食物繊維 天ぷら りんご 皮 エビフライ パイ 野菜 クロワッサン クッキー アップルパイ ラスク …」 등과 공기하는 등 명사제약이 강하게 나타나고 있다.

(27) a. 面白くてサクサク読めるのですが、あまり早く読み終わるのはもったいないので、… (Yahoo!知恵袋 Yahoo! 2005)

b. サクサク動くマシンを体感したければ、メモリーを多く搭載することです。(Yahoo!知恵袋 Yahoo! 2005)

용례(27)에서는 「さくさく」가 동작이 빠르고 진행이 원만한 모습을 나타내고 있는데 「出品物 回収 操作 書類 講習会 マシン 準備」 등의 명사, 「見える 見る 動く 組み上げる 削る 行く 動かす 出来る 読む 進む 掘る 切る 言う …」 등의 동사와 공기하고 있으며 특별한 명사·동사 제약은 나타나고 있지 않다.

(28) a. ザクザクと雪を踏む軍靴の音を残して。(ダイバージェンス·イヴ メディアファクトリー 2003)

b. ザクザクするサブレみたいな歯触りと思われ。(Yahoo!ブログ Yahoo! 2008)

c. そうしましたらまた材木がザクザクと出てきたんですよ。(楽園考古学 平凡社 1994)

d. キャベツをザクザク切って、どさっと入れて、1カップの水で煮込。(Yahoo!ブログ Yahoo! 2008)

용례(28)에서는 「ざくざく」가 청각·촉각·시각으로의 의미확장을 보여주고 있는데 눈을 밟는 소리에서 사브레의 촉감, 그리고 목재가 많이 쌓여 있는 모습과 양배추를 자르는 모습을 나타내고 있다. 이 때 용례(28a), 용례(28b)와 같이 「ざくざく」가 청각과 촉각을 나타낼 경우에는 청음 「さくさく」와 의미적 대응을 이루고 있으나 용례(28c), 용례(28d)와 같이 시각으로 의미가 확장이 되면 「さくさく」와의 의미대응은 없어진다. 즉 「さくさく」와 「ざくざく」가 의미적 대응을 이루고 공기하는 명사·동사에

공통점이 나타나고 있는 것은 청각·촉각과 같은 구체적인 감각에 한한다고 볼 수 있다.

5.7.「さらさら」와「ざらざら」

【표6】「さらさら」와「ざらざら」

	의미영역	용례수(비율)	공기명사	공기동사
さらさら(252)	청각	22(9%)	足音 谷川 鬢飾り 稲 笹の葉 油紙 風 梢の葉 床 水 …	擦れ合う 鳴る
	촉각	230(91%)	**血液**(51) **液体**(51) **髪の毛**(50) **砂**(11) 雪(10) 胡麻 湯 塩 肌 …	行く 書き出す たれる 流し込む 呑む 流れる 降り注ぐ …
ざらざら(75)	청각	3(4%)	映像 声 音	
	촉각	72(96%)	**身体**(20) 紙(6) コンクリート敷き 壁 研磨剤 毛布 雫 鉄粉 …	荒れる

「さらさら」는 청각에서 촉각으로의 의미확장이 나타나고 있으며 의미영역별 빈도수에 있어서는 촉각이 91%로 가장 많이 나타나고 있다.「さらさら」와 청·탁의 대응을 이루는「ざらざら」의 경우도「さらさら」와 마찬가지로 청각에서 촉각으로의 의미확장이 나타나고 있으며 촉각으로 사용되는 빈도수가 높게 나타나고 있는데 전체 75례 중 72례 즉 96%가 촉각을 나타내고 있다.

(29) a. 稲がさらさら音を立てています。(昭和二十一年八月の絵日記 トランスビュー 2001)

b. 梢の葉がさらさらと音を立て、遠くの方で犬の鳴く声が聞こえた。(ノルウェイの森 講談社 1987).

용례(29)에서는 「さらさら」가 「稲」「梢の葉」 등의 음을 나타내고 있는데 공기하는 명사로는 「足音 谷川 鬟飾り 稲 笹の葉 油紙 風 梢の葉 床 水 雪片 月 …」 등이 있으나 특별한 공기제약은 나타나지 않는다.

(30) a. まっすぐな金髪がさらさらして少年の手に心地よかった。(最後の特派員 アカデミー出版 2001)

b. 真っ白でさらさらした砂と、青い海のコントラストが美しい。(海道をゆく 新生出版:ディーディーエヌ(発売) 2002)

c. グレープフルーツは血をサラサラにし、循環をスムーズにする。(an·an マガジンハウス 2001)

「さらさら」의 경우 용례(30)에서 금발, 모래의 촉감 그리고 혈액의 농도 등과 같이 청각에서 촉각으로의 의미확장이 나타나고 있는데 촉각의 경우 전체 252례 중 230례로서 91%를 차지하고 있다. 공기하는 명사로는 「血液(51) 液体(川 水 ジュース オイル スープ カレー 湯 汗 鼻水 …)(51) 髪の毛(髪 髪の毛 ヘアー)(50) 砂(11) 雪(10) 胡麻 湯 塩 肌 パウダーシート 夏のブラウス 米 砂糖 …」 등이 나타나고 있는데 눈이나 머리카락, 모래 등의 촉감과 함께 혈액이나 액체 등의 명사와의 공기제약이 강하게 나타나고 있다. 공기하는 동사에 있어서는 특별한 제약은 나타나지 않는다.

(31) a. ざらざらした声が気味の悪い甘ったるさをこめて告げた。(白い迷宮 講談社 2001)

b. ざらざらとした音、時々、針が飛ぶけれど大切な宝物です。(Yahoo!ブログ Yahoo! 2008)

(32) a. 皮膚はざらざらしています。(Yahoo!知恵袋 Yahoo! 2005)

b. ほんの少し表面がざらざらしたこの紙は、線の描き味を残す

のである。(ディック·ブルーナの世 駿々堂出版 1992)

「さらさら」와 청·탁의 대응을 이루는 「ざらざら」의 경우 용례(31)의 목소리, 거친소리 등의 음에서 용례(32)의 피부, 종이 등 거친 촉감을 나타내는 촉각으로 의미확장이 나타나고 있는데 촉각의 경우 전체 75례중 72례로서 96%를 차지하고 있다. 공기하는 명사로는 「身体(舌 てのひら 皮膚 アゴ 頬っぺた のど 足の裏 口 手や足 指 …)(20) 紙(6) コンクリート敷き 壁 研磨剤 毛布 雫 鉄粉 床 ひじき 板 砂 …」 등이 있으며 주로 신체, 종이 등의 명사와 함께 나타나는 경우가 많다.

「さらさら」「ざらざら」의 경우 청각·촉각에서 의미적 대응을 이루고 있으며 주로 촉각에 집중되어 나타나고 있다.

5.8. 「しっとり」와 「じっとり」

【표7】「しっとり」와「じっとり」

	의미영역	용례수(비율)	공기명사	공기동사
しっとり(360)	촉각	262(73%)	**食べ物**(108) **身体**(74) **化粧品**(35) 汗 路面 雨 霧の中 街 …	焼き上げる 潤う 焼きあがる 濡れる 潤う 洗う 湿る しみこむ 濡らす
	비유	98(27%)	黒檀色 部屋 秋 紅葉 宿場町 富士山 花 画質 声 緑 響き…	落ち着く 歌い上げる 聞く 過ごす 立ち罩める 押す 浸みこむ …
じっとり(35)	촉각	34(97%)	カーテン ノート 汗 手 てのひら 手の中 被毛 高速道路 デッキ …	湿る にじみ出す 浮ぶ 濡れる 汗ばむ 濡らす
	비유	1(3%)	横顔	覗き込む

「しっとり」는 촉각에서 비유표현으로의 의미확장이 나타나고 있으며

의미영역별 빈도수에 있어서는 촉각이 73%로 많이 나타나고 있다. 「しっとり」와 청·탁의 대응을 이루는「じっとり」의 경우도 촉각에서 비유표현으로의 의미확장이 나타나고 있는데 「しっとり」와 마찬가지로 촉각을 나타내는 용례가 전체 35례 중 34례로서 97%가 촉각을 나타내고 있다.

(33) a. その他のケーキもしっとりして柔らかい。(おとなの週末 講談社 2005)

b. 血行がよくなり、皮膚がしっとりします。(アメリカ西海岸温泉紀行 TOTO出版 1997)

c. しっとりする冬向きの入浴剤レシピを紹介します。(レタスクラブ SSコミュニケーションズ 2003)

용례(33)에서 「しっとり」는 케이크, 피부, 입욕제 등의 촉감이 촉촉함을 나타내고 있는데 공기하는 명사로는 「食べ物(ビスケット クッキー 食パン スコーン チョコレートケーキ 菓子 スポンジ バナナ ホットケーキ クリーム プリン りんご クレープ チークパウダー …)(108) 身体(肌(44) 髮 唇 指 掌 かかと …)(74) 化粧品(パウダーファンデーション 入浴剤 化粧水 ローション ヘアケア剤 トリートメント シャンプー ボディミルク …)(35) 汗 路面 雨 霧の中 街 背広 シーツ 枕 瞳 声 …」 등으로 음식, 신체, 화장품 등의 명사와 강한 공기제약을 보이고 있다.

(34) a. 緑がしっとりとして、靄のなかに美しく映える。(シェル・パ斉藤の東海自然歩道全踏破 小学館 2001)

b. 窓に広がる、しっとりとした山の風情は嵐山ならではのもの。(住まい100選(別冊·新しい住まいの設計) 扶桑社 2004)

용례(34)에서는 녹음, 산속의 풍경 등이 차분한 분위기를 나타내는

비유표현으로서 공기 명사는 「黒檀色 部屋 秋 紅葉 宿場町 富士山 花 画 声 緑 響き 三味線の音 曲 梅雨の風情 歌 文章 作品 牧場 月 環境 木目 着物姿 雰囲気 色合い …」 등이 나타나고 있으며 공기 동사로는 「落ち着く 歌い上げる 聞く 過ごす 立ち罩める 押す 浸みこむ 仕上げる 着る 輝く 重ねる 言う 寄り添う 考える …」 등이 나타나고 있으나 특별한 명사·동사 제약은 나타나고 있지 않다.

(35) a. 手のなかのノートはじっとりと湿っている。(月影のレクイエム ハーレクイン 2005)

b. 夜の高速道路はじっとりとしめって、いかにもスリップしやすそうな気配だ。(四季·奈津子 集英社 1979)

용례(35)에서는 노트, 밤의 고속도로가 촉촉하게 젖어 있는 모습을 「じっとり」가 나타내고 있는데 촉각의 경우 공기하는 명사는 「カーテン ノート 汗 手 てのひら 手の中 被毛 高速道路 デッキ 部屋の空気 手紙 軍衣 肌 掌 夜風 体 額 肩 目の縁」 등이 나타나고 있으나 특정 명사와의 공기제약이 강하게 나타나는 「しっとり」와는 달리 특별한 공기제약은 나타나지 않는다. 공기하는 동사로는 「湿る にじみ出す 浮ぶ 濡れる 汗ばむ 濡らす」 등이 있으며 이 경우도 특별한 공기제약은 나타나고 있지 않다.

5.9.「とろとろ」와「どろどろ」

【표8】「とろとろ」와「どろどろ」

	의미 영역	용례수 (비율)	공기명사	공기동사
とろとろ (100)	촉각	87(87%)	**食べ物**(80) 体 石けん 血のり	
	시각①	3(3%)	火 木枯	燃える 燃ゆる
	시각②	10(10%)	翠	寝る 眠る まどろむ
どろどろ (155)	청각	5(3%)	太鼓の音 雷 太鼓 和製ドラムロール	轟く
	촉각	90(58%)	**食べ物**(26) **血液**(19) 汗 プラスチック 口の中 溶解物 水 …	轟く 浸出す とける 流れ込む 溶解する 溶かす 覆う 汚れきる
	비유	60(39%)	手 車 体の中 自転車 下半身 道 顔 民主党の、内部 …	溶ける 溶けきる 溶け合う 襲う

「とろとろ」는 촉각에서 시각으로의 의미확장이 나타나고 있으며 의미영역별 빈도수에 있어서는 촉각이 87%로 가장 많이 나타나고 있다. 「とろとろ」와 청·탁의 대응을 이루는「どろどろ」의 경우 청각·촉각·비유표현으로의 의미확장이 나타나고 있는데 「とろとろ」와는 달리 촉각을 나타내는 표현과 함께 비유를 나타내는 표현도 다수를 차지하고 있다.

(36) a. 生クリームがたっぷり入ったとろとろのカスタードと、ふわっと焼き上げたシュー皮が私好み。(SAVVY(WOMENS'LIFE MAGAZINE)京阪神エルマガジン社 2005)

b. 肉じゃがは、とろとろに溶けてしまってシチューのよう。(AERA(アエラ)朝日新聞社 2001)

용례(36)에서 「とろとろ」는 카스타드, 감자조림의 촉촉하면서도 점성이 있는 촉감을 나타내고 있다. 「とろとろ」는 촉각으로 사용되는 빈도수가 높게 나타나고 있는데 전체 100례 중 87례가 촉각을 나타내고 있으며 공기하는 명사는 「食べ物(卵 豆腐 モロヘイヤ スープ 米 バナナ 生地 カレー チーズ 豚肉 カスタード 山芋 煮物 白菜 カスタード まぐろ ブロッコリーと鯛 ヨーグルト ファンタ おめこ チョコレートムース すまし汁 バルサミコ お肉 …)(80) 体 石けん 血のり」 등으로 음식을 나타내는 명사와의 공기제약이 강하게 나타나고 있다.

(37) a. とろとろと燃える火には、どこか懐かしさがあります。(Yahoo!ブログ Yahoo! 2008)

b. いつの間にか、とろとろと眠って、ふと目が覚めると、…(ちくま文学の森 筑摩書房 1988)

용례(37)에서는 「とろとろ」가 불이 약하게 타고 있는 모습과 깜박 잠든 모습을 나타내고 있으며 이 경우 공기하는 명사는 「火 木枯」「翠」, 공기하는 동사는 「燃える 燃ゆる」「寝る 眠る まどろむ」 등이 나타나고 있으나 특별한 명사·동사 제약은 나타나고 있지 않다.

「とろとろ」와 청·탁의 대응을 이루는「どろどろ」가 촉각을 나타낼 경우 공기하는 명사는 「食べ物(シチュー ソース タレ トマト 野菜 果物 離乳食 おかゆ カレー 食べもの タマゴの内部 ホワイトソース もち なめこ …)(26) 血液(19) 汗 プラスチック 口の中 溶解物 水 蜜液 鼻水 金属 溶岩 マグマ 下水道 …」 등으로 아래의 용례(38)에서와 같이 음식과 혈액을 나타내는 명사와 함께 나타나는 경우가 많다.

(38) a. タマゴの内部はご存じのようにドロドロで、濃度が高いため、… (子どもにウケる科学手品77 講談社 1998)

b. これが血液をドロドロにしたり、糖尿病や高血圧を誘発するという。(生島ヒロシの50歳からの健康上手 日本経済新聞社 2003)

용례(38)에서 「どろどろ」는 달걀 내부, 혈액이 끈적끈적하고 점성이 있는 촉각을 나타내고 있다.

한편 「どろどろ」는 비유표현으로 사용될 때 「手 車 体の中 自転車 下半身 道 顔 内部 胸の奥 民主党の、内部 ビジネス街 内情 金銭の問題とか人間関係 人間関係 死 空の金庫 古い因縁 感情 エネルギー 現実 二人の関係 芝居の人間関係 非日常の世界 関係 情念 人間ドラマ 大人社会 家族 政界 権力闘争 戦争 日常言論 恋愛 利害打算」 등 다양한 명사와 함께 나타나고 있다.

(39) a. 民主党の、内部もどろどろだから…まずあれこれ言う前に民主党をきれいにしたら。(Yahoo!ブログ Yahoo! 2008)

b. 現実はもっとドロドロしていて、理想をふりかざしても仕方がないのだと。(20人の男たちと語る性と政治 御茶の水書房 2002)

용례(39)에서는 민주당의 내부, 현실의 상태가 엉망진창인 비유적인 표현으로 「どろどろ」를 사용하고 있으며 공기하는 명사·동사에 특별한 제약은 나타나지 않는다.

5.10.「ばさばさ」와「ぱさぱさ」

【표9】「ばさばさ」와「ぱさぱさ」

	의미 영역	용례수 (비율)	공기명사	공기동사
ばさばさ (37)	청각	18(49%)	**羽**(8) 新聞 芦の葉 葉 熊笹 尻尾 …	ちらす 飛び降りる 動かす めくる そよがす すれる 振る 響く …
	촉각	19(51%)	**髪**(10) 草 トースト コーン 枝	落ちる かく 切る
ぱさぱさ (59)	촉각	58(98%)	**食べ物**(45) **髪**(7) 肌 石	焼きあがる
	비유	1(2%)	心	乾く

「ばさばさ」는 청각에서 촉각으로의 의미확장이 나타나고 있으며 의미영역별 빈도수에 있어서는 청각과 촉각이 비슷하게 나타나고 있다. 「ばさばさ」와 탁음·반탁음의 대응을 이루는「ぱさぱさ」의 경우 촉각에서 비유표현으로의 의미확장이 나타나고 있는데 「ばさばさ」와는 달리 촉각을 나타내는 표현이 대부분을 차지하고 있다.

(40) a. バサバサと羽根の音をのこしていっせいに怪鳥たちは空へひいた。(楽園の魔女たち 集英社 2002)

b. 外では芭蕉の葉が、ばさばさと激しく吹き破られ、その音が聞こえる。(ヴィジュアル<もの>と日本人の文化誌 雄山閣出版 1997)

용례(40)에서는 「羽根の音」「芭蕉の葉」와 같이 새의 날개 소리, 나뭇잎 소리 등을 나타내고 있는데 공기하는 명사는 「羽(8) 新聞 芦の葉 葉 熊笹 尻尾 …」 등으로 주로 날개 소리를 많이 나타내고 있으며 공기하는 동사는 「ちらす 飛び降りる 動かす めくる そよがす すれる 振る 響く …」 등으로 특별한 공기제약은 나타나고 있지 않다.

(41) a. 髪がバサバサして、艶がありません。(Yahoo!知恵袋 Yahoo 2005)

b. 砂糖の割合が少ないので、バサバサした状態になる（ a ）。(ホテルのお菓子とデザート 柴田書店 2001)

용례(41)에서는 머리카락, 과자 등의 촉각을 나타내는 표현으로 공기하는 명사로는「髪(10) 草 トースト コーン 枝」등 머리카락의 상태를 나타내는 경우가 많이 나타나고 있었으며 공기하는 동사는「落ちる かく 切る」등으로 특별한 공기제약은 나타나고 있지 않다.

(42) a. コメはインディカ米で、パサパサして日本食よりカレーなどに適している。(海外生活の手引き 世界の動き社 2001)

b. 出産してから髪の毛がよく抜けてパサパサします。(Yahoo!知恵袋 Yahoo! 2005)

용례(42)에서「ぱさぱさ」는「コメ」「髪の毛」의 상태를 나타내고 있는데 공기하는 명사로는「食べ物(ご飯 スライス コメ 実 ツナ ひらめ サンドイッチ 白身魚 ひき肉 卵焼き ビスケット インディカ米 クロワッサン 鶏 玄米 タイカレー …)(45) 髪(7) 肌 石」등으로 주로 음식과 머리카락 등과의 공기제약이 강하게 나타나고 있다.

5.11.「ひりひり」「びりびり」「ぴりぴり」

【표10】「ひりひり」「びりびり」「ぴりぴり」

	의미 영역	용례수 (비율)	공기명사	공기동사
ひりひり (70)	미각	3(4%)	口の中 舌	
	촉각	62(89%)	**身体**(62)	痛む 来る
	비유	5(7%)	視線 笑み 自意識	感じる
びりびり (66)	청각	6(9%)	窓 異音 変な音 低い声 壁 襟	鳴る 音を立てる
	시각	29(44%)	**紙**(16) **衣服**(8) オムツ ラベル	**破く**(13) 破ける 引き裂く
	미각	2(3%)	舌	
	촉각①	21(32%)	顔 窓ガラス どら声 ドア 空間 空気 うちじゅう 肌 衝撃 …	ふるう 震える 震動する 伝わる 駆け抜ける 感じる 伝染する
	촉각②	8(12%)	胸 舌 両腕 背中 右肩から指先	痛む
ぴりぴり (107)	청각	3(3%)	笛 髭 笛の音	鳴らす 震う
	미각	4(4%)	口の中	
	촉각①	3(3%)	手 銃口 葉っぱ	顫える 揺れる 震える
	촉각②	34(31%)	**身体**(32) 感覚 感触	
	비유	63(59%)	郵便局 お母さん 神経 声 神経 空気 雰囲気 緊張感 …	張りつめる みなぎる

「ひりひり」는 매운맛을 나타내는 미각에서 통증을 나타내는 촉각, 그리고 비유표현으로의 의미확장이 나타나고 있으며 의미영역별 빈도수에 있어서는 촉각이 89%로 가장 많이 나타나고 있다. 탁음의「びりびり」의 경우 청각에서 시각·촉각①로 의미확장된 경우와 매운 맛의 미각에서 촉각②로 의미확장된 두 종류의 의미확장이 나타나고 있다. 반탁음의「ぴりぴり」의 경우도「びりびり」와 마찬가지로 청각에서 촉각①로, 그리고 매운 맛의 미각에서 촉각②·비유표현으로의 두 종류의 의미확장이 나타나고 있다.

「ひりひり」는 매운 맛을 나타내는 미각, 통증을 나타내는 촉각, 그리

고 비유표현으로의 의미확장이 나타나고 있다.

(43) a.「口の中がヒリヒリするように辛い」しょっぱい。苦い。(とっさに使える英会話 日本文芸社 2000)

b. おろし汁は辛めだが、ヒリヒリするほどではない。(麺喰紀行 碧天舎 2002)

「ひりひり」는 용례(43)에서는 입안이 얼얼할 정도로 매운맛과 강판에 간 즙의 매운맛을 나타내고 있으며 이러한 미각에서 신체 내부에서 느끼는 통증을 나타내는 촉각으로 의미가 확장하고 있다.

(44) a. 日焼けして顔がひりひりして痛いです…(Yahoo!知恵袋 Yahoo! 2005)

b. 足の裏がひりひりと痛かった。(スウィート·ベイビー ハーレクイン 2001)

용례(44)에서는 얼굴과 발바닥의 통증을 표현하고 있는데「頬 喉 頭 目 傷口 舌 素肌 目筋 顔 唇 鼻 表皮 指皮 顔 腕 喉 喉の奥 足の裏 首周り 喉の粘膜 腕 皮膚」등 62례가 전부 신체를 나타내는 명사와 공기제약이 나타나고 있다.

(45) a. ただ、自意識だけはひりひりするほど過剰だった。(Meキャサリン·ヘプバーン自伝 文藝春秋 1998)

b. 彼の視線を首筋にひりひり感じた。(魔女とプレイボーイ ハーレクイン 2004)

용례(45)에서는 비유표현으로 사용되는 경우로서 공기하는 명사·동사에 특별한 제약은 나타나고 있지 않다.

(46) a. 映画館の壁もビリビリと音を立てて振動した。(高齢化時代の住まいづくり 彰国社 1988)

b. 左手でにぎった舞の襟がびりびりと音をたてて破れていく。(ミニモニ。におまかせっ！竹書房 2002)

(47) a. お金を子どもがびりびりに破いてしまいました。(Yahoo!知恵袋 Yahoo! 2005)

b. 写真をとってびりびりにやぶいた。(なぜエヴァンズにいわない？偕成社 2004)

용례(46)에서의 「びりびり」는 영화관의 벽이 진동으로 울리는 소리, 옷이 찢어지는 소리를 나타내고 있는데 이러한 소리에서 연상된 이미지가 용례(47)에서는 지폐, 사진이 찢어지는 모습으로 의미확장되고 있다. 「びりびり」와 공기하는 명사로는 「紙(手紙 包装紙 パック お金 封書 偽札 姿 紙 封 新聞 ふすま 写真 切手 箋)(16) 衣服(胸あて 着衣 ズボン シーツ 制服 シャツ 頭巾)(8) オムツ ラベル」 등이 나타나고 있으며 「破く(13) 破ける 引き裂く」 등의 동사와 함께 나타나는데 특히 「破く」와의 공기제약이 강하게 나타나고 있다.

(48) a. ドアはびりびりと震えていた。(週刊ポスト 小学館 2003)

b. うちじゅうがびりびりふるえました。(リンゴちゃん ポプラ社 2003)

소리에서 연상된 이미지는 용례(48)에서와 같이 문, 집안 등의 진동을 나타내기도 하지만 이 경우는 공기하는 명사·동사에 특별한 제약은 나타나지 않는다.

(49) a. ビリビリとしびれる辛さに舌はマヒしてくるし、汗は流れ落ちるしだけど、… (POPEYE マガジンハウス 2002)

b.「きさまあ、降りてこい!」 背中がビリビリと痛むが、…(鷹戦士F 新風舎 2005)

용례(49)에서 「びりびり」는 몸이 떨릴 정도의 맵기와 등의 통증을 나타내고 있다. 「びりびり」의 경우 소리에서 연상된 이미지가 천 등이 찢어지는 모습, 그리고 진동을 나타내는 촉각①로 이어지는 의미확장이 대부분을 차지하고 있으며 위의 용례(49)에서와 같이 미각에서 통증을 나타내는 촉각②로의 의미확장은 아주 적은 용례수가 나타나고 있다.

반탁음 「ぴりぴり」의 경우도 「びりびり」와 마찬가지로 소리에서 연상된 이미지가 진동을 나타내는 촉각①로 그리고 미각에서 통증을 나타내는 촉각②로의 의미확장이 나타나고 있다. 다만 「ひりひり」「びりびり」와 다른 점은 「ぴりぴり」의 경우 비유표현으로 나타나는 경우의 용례수가 107례 중 63례로서 전체의 59%를 차지하고 있다.

(50) a. ピリピリと笛の音、警官の掲げた銀色の手錠、何度も瞬くフラッシュ。(修道女マリコ 扶桑社 1994)

b. タイヤから伝わる震動で、銃口がぴりぴりと上下に揺れる。(失るワン·ナイト·スタンド 富士見書房 1999)

용례(50)에서는 「ぴりぴり」가 「笛の音」를 나타내는 소리에서 연상된 이미지가 「銃口」가 흔들리는 진동을 나타내는 촉각①로 의미확장하고 있다. 「ぴりぴり」의 경우 용례수도 적고 특별한 명사·동사 제약이 나타나고 있지 않다. 공기하는 명사로는 「顔 窓ガラス どら声 ドア 空間 空気 うちじゅう 肌 衝撃 空気 電気 強い気 スットキング」 등이 있으며 「ふる

う 震える 震動する 伝わる 駆け抜ける 感じる 伝染する」 등의 동사와 공기한다.

(51) a. 韓国風食品独特のピリピリ感がクセになるスープとヌードル。
(ビジネスグランプリ ミスター·パートナー;星雲社(発売) 2002)
b. とりわけ炎症が起きている肌にはピリピリと刺激があります。
(自然暮らしの知恵袋 家の光協会 2004)

용례(51)에서는 「ぴりぴり」가 스프와 누들의 매운 맛과 피부에 느껴지는 자극을 나타내고 있다. 이 경우 「ぴりぴり」는 매운 맛을 나타내는 미각에서 통증을 나타내는 촉각②로의 의미확장이 나타나고 있는데 「頬 肌 喉 額 こめかみ 口 顔 舌 歯 顔 背中 肩 身体じゅう 腰 胃 手足の先」 등 신체를 나타내는 명사와의 공기제약이 강하게 나타나고 있다.

(52) a. 冷静な思いはぴりぴりとした緊張感となって、瞼の動きをぎくしゃくとさせた。(ハウス 集英社 1992)
b. が、ぴりぴりと神経は、すでに張り詰めていた。(二人のガスコン 講談社 2004)

용례(52)에서는 「ぴりぴり」가 긴장감이나 신경이 날카로운 모습을 나타내고 있는데 전체의 59%인 63례가 비유표현으로 나타나고 있다. 공기하는 명사로는 「郵便局 お母さん 神経 声 神経 空気 雰囲気 緊張感 子どもの顔 全身の神経 学校側 神経質 ムード 神経 緊張」 등이 있으며 「張りつめる みなぎる」 등의 동사와 함께 나타나고 있으나 특별한 공기제약은 나타나고 있지 않다.

「ひりひり」「びりびり」「ぴりぴり」의 경우 미각·촉각까지는 의미적 대응을 이루고 있으나 「ぴりぴり」가 긴장감을 나타내는 등의 비유표현으로 의미가 확장하게 되면 서로간의 의미적 대응은 없어진다. 즉 구체적인 감각의 경우 청·탁에 의한 음적 대응이 의미적 대응으로 이어지지만 추상적 비유표현으로 의미가 확장하게 되면 「음적인 유치성」이 사라지게 되어 더 이상 의미적 대응이 이루어지지 않게 된다.

5.12. 「べたべた」와 「ぺたぺた」

【표11】「べたべた」와 「ぺたぺた」

	의미영역	용례수 (비율)	공기명사	공기동사
べたべた (103)	촉각	58(56%)	生地 鉄棒 物質 顔 裸足 口跡 箸 肉汁 作風 オイル …	光る 感じる 煮込む 触る さわる
	시각	10(10%)	化粧品 粘土 ポマード 顔写真 メモ 領収書 …	塗りたくる 積み上げる つける 貼る 貼りまくる 貼りつける 残す
	비유	35(34%)	関係 恋愛 文章 人間関係 恋愛	
ぺたぺた (18)	청각①	8(44%)	足 足音 廊下 音 ビーチサンダル	引きずる 送る 鳴らす
	청각②	3(17%)	首筋 テーブル	叩く
	시각	7(39%)	砂のお城	作る 貼る こねる 塗る 貼りつける 張る

「べたべた」는 촉각에서 시각 그리고 비유표현으로의 의미확장이 나타나고 있으며 의미영역별 빈도수에 있어서는 촉각과 비유표현이 많이 나타나고 있다. 「べたべた」와 탁음·반탁음의 대응을 이루는 「ぺたぺた」의 경우 「べたべた」와는 달리 청각에서 시각으로 의미확장이 나타나고 있다.

(53) a. 半年位前から樹液で葉っぱがベタベタしています。(Yahoo!知恵袋 Yahoo! 2005)

b. ガス台が油煙でべたべたになり、ぼたぼた油がこぼれて床まで油通しになる。(簡単ではない！日本放送出版協会 2001)

용례(53)에서는 「べたべた」가 수액이나 기름기로 나뭇잎, 가스대가 끈적끈적하게 된 상태를 나타내고 있다. 공기하는 명사로는 「生地 鉄棒 物質 顔 裸足 口跡 箸 肉汁 作風 オイル 指 葉っぱ 湖面 ローション ガス台 指 腰 塗料 からだ 素足 顔 肌 生地 顔 シート 体 ガム」 등이 있으며 공기하는 동사로는 「光る 感じる 煮込む 触る さわる」 등이 나타나고 있으나 특별한 공기제약은 나타나고 있지 않다.

(54) a. 黄色っぽい粘土をべたべたと積み上げたような格好をしている。(やすらぎのオーストラリア 郁朋社 2003)

b. 事務の女性がスクラップに領収書をベタベタ貼りつけている。(ムダ·ムラ·ムリの見つけ方となくし方 日刊工業新聞社 1990)

용례(54)에서 「べたべた」는 끈적한 촉각에서 연상된 이미지가 의미확장되어 점토, 영수증 등의 물건을 붙이는 모습을 나타내고 있다. 공기하는 명사로는 「化粧品 粘土 ポマード 顔写真 メモ 領収書 宣伝文句 紙 指紋」 등이 있으며 공기하는 동사로는 「塗りたくる 積み上げる つける 貼る 貼りまくる 貼りつける 残す」 등이 나타나고 있으나 특별한 공기제약은 나타나고 있지 않다.

(55) a. そしてお母さんにベタベタと甘えてまとわりつくようになり、… (子どもを伸ばすお母さんのふしぎな力 企画室 1996)

b. そして思うにヤンは愛人とベタベタしているところだ。(雪の死神 早川書房 2002)

또한 용례(55)에서는 「べたべた」가 애정을 나타내는 비유표현으로 나타날 경우 주로 「~する」형태로 사용되며 공기하는 명사·동사에 특별한 제약은 나타나지 않는다.

「べたべた」와 탁음·반탁음의 대응을 이루는 「ぺたぺた」는 청각과 시각으로의 의미확장이 나타나고 있다.

(56) a. 背中を丸めて、ペタペタと足を引きずって歩くようなことは断じてしません。(ストックホルムからの手紙 同朋舍,角川書店(発売) 2001)

b. 僕は手で触り、ペタペタと叩いたりして感触を確かめた。(星野道夫著作集 新潮社 2003)

c. あたしもう、ペタペタ塗るの、いやになっちゃった。(泥棒をつかまえろ！佑学社 1988)

용례(56)에서 「ぺたぺた」는 발소리나 물건을 두드리는 소리 등을 나타내는 청각에서 물건을 붙이는 모습으로 의미가 확장하고 있다. 발소리의 경우 공기하는 명사로는 「足 足音 廊下 音 ビーチサンダル」 등이 나타나고 있으며 공기하는 동사로는 「引きずる 送る 鳴らす」 등이 나타나고 있다. 물건을 두드리는 소리의 경우 공기하는 명사는 「首筋 テーブル」, 공기하는 동사는 「叩く」가 나타나고 있다. 또한 물건을 붙이는 모습의 경우 공기하는 명사는 「砂のお城」가 나타나고 있으며 공기하는 동사는 「作る 貼る こねる 塗る 貼りつける 張る」 등이 나타나 각 의미에 따라 공기하는 명사·동사의 양상도 다르게 나타나고 있다.

Korean and Japanese Synaesthetic Onomatopoeia-
From Sense to Emotion·Psychology

한·일 감정·심리 오노마토피어 의미확장 패턴 분석

06

6.1. 한국어 감정·심리 오노마토피어

6.2. 일본어 감정·심리 오노마토피어

6.3. 긴장을 나타내는 감정·심리 오노마토피어 의미확장

6.4. 놀람을 나타내는 감정·심리 오노마토피어 의미확장

6.5. 두려움을 나타내는 감정·심리 오노마토피어 의미확장

6.6. 화를 나타내는 감정·심리 오노마토피어 의미확장

6.7. 초조함을 나타내는 감정·심리 오노마토피어

06

한·일 감정·심리 오노마토피어 의미확장 패턴 분석

본 절에서는 사람의 감정·심리 상태를 나타내는 오노마토피어를 「감정·심리 오노마토피어」로 규정하고 한국어와 일본어 감정·심리 오노마토피어의 의미확장 패턴을 분석한다. 일본어의 경우 형태·의미·용법 등 다양한 방면에서 오노마토피어 연구가 진행되어 왔으며 특히 인간의 감정·심리를 나타내는 오노마토피어의 경우는 1970년대에 긴다이치(金田一 : 1978)에 의해 「의정어(擬情語)」로 정의된 이래 이에 관한 연구도 상당히 진행되어 왔으나 한국어의 경우 정의 자체도 이루어지지 않은 상황이다. 필자는 일본어 「의정어」의 의미확장 패턴 및 이미지, 용법 등에 대하여 다년간 다양한 방면에서 연구를 진행하여 왔다.[10] 일본어 「의정어」의 경

10 「日本語擬情語の意味擴張」(2010)『日語日文学研究』75 韓国日語日文学会 pp.131-148.
「일본어 의정어 의미 용법 분석-일본어 교육에의 응용 모색-」(2011)『언어과학회』56 언어과학회 pp.179-200.
「일본어 의정어에 나타나는 불안의 이미지」(2013)『일본언어문화』25 일본언어문화학회 pp.421-441.
「한·일 감정·심리 오노마토피어 의미확장 패턴 분석」(2016)『일본어문학』75 일본어문학회 pp.117-140.

우 청각·촉각·시각·미각·후각·내부감각 등의 구체적인 감각에서 연상된 이미지가 추상적인 비유표현으로 의미가 확장되며 이는 최종적으로는 사람의 감정·심리를 나타내는 표현으로까지 의미가 확장되어 간다. 이러한 과정에 있어 환유와 은유에 의한 의미확장이 나타나고 있는데 한국어 감정·심리 오노마토피어에 있어서도 이와 유사한 현상이 나타나고 있다. 본 절에서는 한국어와 일본어의 감정·심리 오노마토피어 중 「긴장, 놀람, 두려움, 화, 초조함」 등과 같은 의미영역에서 나타나는 오노마토피어가 가지고 있는 의미자질을 분석하여 주로 사람의 신체가 느끼는 구체적인 감각이 어떠한 비유과정을 거쳐 사람의 감정·심리를 나타내는 추상적인 의미로 의미확장되고 있는지 밝히고자 한다.

6.1. 한국어 감정·심리 오노마토피어

『우리말 의성의태어 분류사전』에서는 사람과 관련하여 쓰이는 의태어 중 감각, 감정, 생각을 나타내거나 심리, 정신 상태를 나타내는 의태어를 20개의 의미로 나누어 하위분류하고 있다. 1)가슴이 울렁이는 모양, 2)감정이 북받치는 모양, 3)기나 숨 같은 것이 막히는 모양, 4)기억이나 의식이 떠오르거나 떠오르지 않는 모양, 5)긴장한 모양, 6)놀라는 모양, 7)눈에 무엇이 보이는 모양, 8)느낌이 생기는 모양, 9)두렵거나 징그럽거나 호젓한 모양, 10)마음이 움직이는 모양, 11)맛이 나는 모양, 12)성을 내는 모양, 13)생각하는 모양, 14)생각이 떠오르거나 잘 떠오르

「한·일 감정·심리 오노마토피어 어휘화 과정 분석-음과 의미와의 유연성(有縁性) 약화를 중심으로-」(2018)『일본어문학』80 일본어문학회 pp.181-202.

지 않는 모양, 15)정신상태가 어떠한 모양, 16)차갑거나 추운 모양, 17)토할 것 같은 모양, 18)흥겨운 모양, 19)아픈 모양, 20)애타는 모양 등이다. 본서에서는 이 중 사람의 감정·심리가 명확하게 드러나는 「긴장, 놀람, 두려움, 화, 초조함」을 나타내는 5)긴장한 모양, 6)놀라는 모양, 9)두렵거나 징그럽거나 호젓한 모양, 12)성을 내는 모양, 20)애타는 모양에 해당하는 용례를 추출하여 아래의 【표1】과 같이 정리하고 이들 오노마토피어의 의미확장을 살펴보고자 한다.

【표1】 한국어 감정·심리 오노마토피어

감정·심리	용례
긴장	바싹 바싹바싹 바짝 바짝바짝
놀람	펄쩍 펄쩍펄쩍 흠칫 흠칫흠칫 깜짝 깜짝깜짝 끔쩍 끔쩍끔쩍
두려움	섬뜩섬뜩 주뼛 주뼛주뼛 지긋지긋 쭈뼛 쭈뼛쭈뼛 아쓱 오싹 오싹오싹 으쓱 으쓱으쓱
화	발칵 발칵발칵 발깍 발깍발깍 발끈 발끈발끈 버르르 벌컥 벌꺽 벌꺽벌꺽 벌끈 벌끈벌끈 볼끈 볼끈볼끈 볼뚝 볼뚝볼뚝 부르르 불끈 불끈불끈 불뚝 불뚝 불뚱불뚱 팔딱 퍼르르 푸들푸들 푸르르 빨끈 빨끈빨끈 쨍쨍 와락 왜쭉왜쭉
초조함	바질바질 부질부질 조릿조릿 빠질빠질 뿌질뿌질

『우리말 의성의태어 분류사전』에는 사람과 관련된 의미만 기술되어 있으므로 각각의 용례에 대하여 국립국어원 표준국어대사전(https://stdict.korean.go.kr/main/main.do)에 수록되어 있는 의미를 기준으로 하여 재검토를 실시하여 구체적 감각에서 사람의 감정·심리로 의미확장이 나타나는 용례와 의미확장이 나타나지 않는 용례로 구분하였다. 【표1】의 용례 중 밑줄 친 용례들은 구체적 감각에서 사람의 감정·심리를 나타내는 추상적 의미로 의미확장이 나타나는 오노마토피어로서 본서에서는 이를 고찰의 대상으로 한다.

6.2. 일본어 감정·심리 오노마토피어

긴다이치(金田一 : 1978 pp.5-25)는 일본어 오노마토피어를 크게 의음어·의태어·의정어라는 세 부류로 나누고 의정어에 관하여 다음과 같이 정의 내리고 있다.

의음어 ························· 외계의 음을 묘사하는 말
　의음어 ······················ 무생물의 음을 나타내는 것
　의성어 ······················ 생물의 소리를 나타내는 것
의태어 ························· 음을 나타내지 않는 것을 음에 의해 상징적으로 나타내는 말
　의태어 ······················ 무생물의 상태를 나타내는 것
　의용어 ······················ 생물의 상태(동작용태)를 나타내는 것
의정어 ························· 사람의 심리상태를 나타내는 것

金田一(1978 : pp.5-25)

이상과 같이 긴다이치(金田一)는 일본어 오노마토피어를 의음어, 의성어, 의태어, 의용어, 의정어 등의 다섯 종류로 나누고 있는데 본서의 대상으로 삼고 있는 사람의 감정·심리를 나타내는 오노마토피어는 이 중 의정어에 해당한다. 본서에서는『擬音語·擬態語辞典』에서 의정어로 표기하고 있는 44개의 의정어「いじいじ、いらいら、うかうか、うきうき、うじうじ、うずうず、うっかり、うっとり、うんざり、おずおず、おたおた、おちおち、かっか、がっくり、ぎょっ、きょとん、くさくさ、くしゃくしゃ、くよくよ、げんなり、さばさば、しんみり、すっきり、ぞっこん、そわそわ、どきっ、のんびり、はっ、はらはら、びくっ、びくびく、ひし(と)、ひやひや、ほくほく、ほっ、ぼんやり、むかむか、むしゃくしゃ、むしゃむしゃ、むずむず、むっ、むらむ

ら、やきもき、わくわく」 중 한국어 감정·심리 오노마토피어와 공통된 의미영역에서 나타나고 있는 용례를 추출하여 아래의【표2】와 같이 정리하였다.

【표2】 일본어 감정·심리 오노마토피어

감정·심리	용례
긴장	はらはら
놀람	ぎょっ どきっ はっ
두려움	いじいじ うじうじ おずおず びくっ びくびく ひし(と) ひやひや
화	かっか むっ むかむか
초조함	いらいら うずうず そわそわ むずむず やきもき

【표2】의 용례 중 밑줄 친 12개의 용례들은 구체적 감각에서 사람의 감정·심리를 나타내는 추상적 의미로 의미확장이 나타나는 오노마토피어로서 본서에서는 이를 고찰의 대상으로 한다.

6.3. 긴장을 나타내는 감정·심리 오노마토피어 의미확장

긴장하는 모습을 나타내는 한국어 감정·심리 오노마토피어는 「바싹, 바싹바싹, 바짝, 바짝바짝」 등이 있다. 이들 용례는 물기가 없이 타들어가는 모습을 나타내는 의태어에서 매우 긴장하거나 힘을 주는 감정·심리 오노마토피어로 의미확장되고 있다.

[의미1] 물기가 다 말라 버리거나 타들어 가는 모양[11]

(1) a. 겨우내 얼어 있다가 까칠한 봄바람에 바싹 마른 잔디를 한쪽 구석부터 일렬로 불을 놓으면 바람을 타고 불이 번졌다. (9시 뉴스를 기다리며, 김영사, 1992)

b. 약수도 도시 근교의 계곡을 바싹 마르게 만들고 말았다. (참여로 여는 생태공동체 : 어느 근본주의자의 환경 넋두리, 아르케, 2003)

용례(1)에서는 잔디나 계곡이 마른 모습을 나타내고 있으며 이는 아래 용례(2)에서 입술이 바싹 마른 감촉에서 긴장하고 있는 심리 상태를 나타내고 있다.

(2) a. 나는 바싹 타들어오는 입술을 침으로 축이고 나서 계속했다. (닫힌 교문을 열며, 사계절, 1990)

b. 입술이 바싹 마르고 혀가 갈라지는 것 같았다. (한국의 사상, 한샘출판사, 1994)

용례(2)에서 입술이 바싹 마르고 타들어가는 신체적인 경험은 아래의 [의미2]와 같이 사람이 긴장하는 모습이나 심리를 나타내는 비유표현으로 의미확장되고 있다.

[의미2] 아주 긴장하거나 힘을 주는 모양

(3) a. 훈아는 바싹 긴장하며 신랑을 뚫어져라 바라보았다. (열두 컷의 낡은 필름, 오늘, 1991)

b. 그는 마치 잊고 있던 일을 그제야 생각해낸 사람처럼 바싹 긴장하여

11 본서의 한국어 감정·심리 오노마토피어 용례 의미 기술은 국립국어원 표준국어 대사전(http://stdweb2.korean.go.kr/main.jsp)에 따른다.

벌떡 일어서더니 그의 묶여져 있는 한쪽 팔을 잡았다. (해남 가는 길, 솔, 1994)

용례(3)에서는 관용적으로 「바싹 긴장하다」라는 표현으로 사용되고 있다. 긴장하는 모습을 나타내는 「바싹, 바싹바싹, 바짝, 바짝바짝」은 물기가 없이 마른 모습에서 연상된 이미지가 사람의 신체(입술)가 마르고 타들어 가는 감촉을 거쳐 사람이 긴장하는 모습을 나타내는 감정·심리 오노마토피어로 의미확장되고 있다.

일본어의 경우 직접적인 신체의 감각보다는 시각에서 유래한 불안·긴장의 감각이 나타나고 있는데 「はらはら」의 경우 가볍고 얇은 것이 계속해서 떨어지는 모습을 나타내는 시각적 이미지에서 느껴지는 불안의 이미지가 사람의 감정·심리로 의미확장되고 있다.[12]

[의미1] 가볍고 얇은 것이 계속해서 떨어지는 모습[13]

(4) a. 時折、風が吹いて、<u>はらはら</u>と花びらが舞っている。(Yahoo!ブログ Yahoo! 2008)

b. 実盛の眼から、涙が<u>はらはら</u>とこぼれた。(オール讀物 文藝春秋 2002)

「はらはら」가 구체적인 감각을 나타낼 경우 꽃잎이나 눈물 등이 떨어지는 모습을 나타내고 있는데 아래의 용례(5)에서는 「はらはら」가 위험을 느끼고 긴장하고 있는 모습을 나타내고 있다.

---

12 「はらはら」가 꽃잎이나 눈송이 등 가벼운 것이 떨어지는 긍정적 이미지에서 불안을 나타내는 부정적 이미지로 변화하고 있는 것에 대해서는 장진영(2013a)에서 예기적(豫期的) 인지와 관련하여 자세히 다루고 있다.

13 본서의 일본어 감정·심리 오노마토피어 용례 의미 기술은 「擬音語擬態語使い方辞典 : 正しい意味と用法がすぐわかる」(阿刀田稔子·星野和子 1995 創拓社)에 따른다.

[의미2] 위험을 느끼고 조마조마해하는 모습

(5) a. 警備員がはっと顔をあげた。「シーッ」わたしははらはらしながら口に手を当てた。(匂いたつ官能の都 扶桑社 2005)

b. もし、話すことがなくなったら殺されてしまう…。そう思ってはらはらして読み進んだものだった。(C.h.e. 角川書店 2002)

「はらはら」의 경우 꽃잎이나 눈물이 떨어지는 모습의 경우 부사적 용법으로 사용되고 있는데 비해 불안이나 긴장을 나타내는 감정·심리 오노마토피어로 사용될 경우 「する」와 결합하여 동사로서의 용법으로만 사용되고 있다.

6.4. 놀람을 나타내는 감정·심리 오노마토피어 의미확장

놀라는 모습을 나타내는 한국어 감정·심리 오노마토피어로는 「펄쩍, 펄쩍펄쩍」 등이 있다. 이들 용례는 사람이 놀라서 뛰는 모습에서 연상된 이미지가 사람의 감정·심리로 의미확장되고 있다.

[의미1] 갑자기 가볍고 힘 있게 뛰어오르거나 날아오르는 모양

(6) a. 사방을 둘러보다가 그는 TV 안테나가 붙어 있는 난간 위로 펄쩍 뛰어 올라갔다. (오디션, 영언문화사, 2002)

b. 그 순간, 삐익 하고 울린 신호음에 그는 앉은 채로 펄쩍 뛰어오를 만큼 놀라고 말았다. (오디션, 영언문화사, 2002)

용례(6)에서 「펄쩍」은 뛰어오르는 모습을 나타내고 있는데 용례(6a)의 경우는 실제로 사람이 난간 위로 뛰어 오르는 모습을 나타내고 있으나

용례(6b)의 경우는 실제로 뛰어오르는 모습이라기 보다는 뛰어오를 만큼 놀란 상태를 나타내고 있다.

[의미2] 갑자기 정신이 들거나 놀라는 모양

(7) a. 의기소침해진 그가 결혼 포기 의사를 밝혔을 때, 그녀는 펄쩍 뛰었다. (어느 화가의 승천, 새길, 1992)

b. 그러나 본인들은 항간의 소문에 펄쩍 뛰며 부인하고 있다. (뉴스피플, 경향신문, 1993)

용례(7)에서는 「펄쩍 뛰다」가 매우 놀란 모습을 나타내는 관용표현으로 사용되고 있다. 즉 사람이 놀라서 뛰는 모습에서 연상된 이미지가 사람의 심리를 나타내는 표현으로 의미확장되어 사용되고 있다.

놀라는 모습을 나타내는 일본어 감정·심리 오노마토피어로는 「はっと、どきっ」 등이 있다. 이들 오노마토피어는 신체가 느끼는 내부감각에서 의미가 확장되어 사람이 놀라는 모습을 나타내고 있다.

[의미1] 숨을 삼키거나 내뱉는 소리

(8) a. 彼女はハッと息をのみ、手のひらを口に当てた。(わが愛しのワトスン 文芸春秋 1992)

b. ママは、はっと息を呑んだ。怪我ですって？　バディが？(ミルクマン扶桑社 1988)

「はっと」는 [의미1]의 경우 숨을 삼키거나 내뱉는 소리를 나타내고 있는데 이는 다음과 같이 사람이 갑자기 놀라거나 긴장하는 모습으로 의미확장되고 있다.

[의미2] 생각지 못한 일이 갑자기 생겨서 긴장하거나 놀라는 모습

(9) a. 商店街の人びとは、はっとしたような顔をしました。(新シェーラひめのぼうけんペガサスの騎士 童心社 2004)

b. レイチェルはハッとした表情を見せ、ジョンの腕をますます強く握り締めた。(最後のゲーム 講談社 1990)

[의미2]의 경우 생각지 못한 일이 갑자기 생겨서 긴장하거나 놀라는 모습을 나타내는데 「はっと」가 숨을 삼키거나 내뱉는 소리를 나타내는 경우 부사적 용법으로 사용되고 있는데 비해 긴장하거나 놀라는 모습을 나타내는 감정·심리 오노마토피어로 사용될 경우 「する」와 결합하여 동사로서의 용법으로만 사용되고 있다.

6.5. 두려움을 나타내는 감정·심리 오노마토피어 의미확장

두려움을 느끼는 모습을 나타내는 한국어 감정·심리 오노마토피어로는 「주뼛, 주뼛주뼛, 쭈뼛, 쭈뼛쭈뼛」 등이 있다. 무서워서 머리가 꼿꼿하게 일어서는 느낌에서 두려움을 나타내거나 머뭇거리거나 주저하는 사람의 심리로 의미가 확장되고 있다.

[의미1] 무섭거나 놀라서 머리가 꼿꼿하게 일어서는 듯한 느낌

(10) 머리가 주뼛 서다. (국립국어원 표준국어대사전)

[의미2] 어줍거나 부끄러워서 자꾸 머뭇거리거나 주저주저하는 모양

(11) a. 지금은 기억이 잘 나지 않지만, 이상한 이야기만 하더니 주뼛거리며 한참 말을 잇지 못했다. (강수지의 스타일기, pc 통신 HITEL, 1970)

b. 그러나 우리 주변엔 아직도 뷔페 식당 이용법을 몰라 주뼛주뼛하는 이들이 많이 있다. (식도락 보헤미안, 새길, 1995)

용례(10)에서는 무섭거나 놀라서 머리가 주뼛 서는 모습을 나타내고 있는데 이는 용례(11)에서와 같이 머뭇거리거나 주저하는 모습으로 의미 확장되고 있다. 즉 인간의 신체가 느낀 감각에서 사람의 감정·심리로 의미가 확장되고 있다고 볼 수 있다.

두려움을 느끼는 모습을 나타내는 일본어 감정·심리 오노마토피어로는 「びくっ、びくびく、ひし(と)、ひやひや」 등이 있다. 「びくびく」의 경우 몸의 일부가 쇼크를 받은 듯 떨리는 모습과 나쁜 일이 일어날 것을 두려워하는 모습을 나타내고 있다.

[의미1] 몸의 일부가 쇼크를 받은 것처럼 조금씩 움직이는 모습

(12) a. そのたびに女は、体をビクビクと痙攣させながら悲鳴をあげた。(あまりに残酷な拷問の世界 青春出版社 1999)

b. 花粉を水の中に入れてごらん。ほらびくびく動いている。(自然のかくし絵 海鳴社 1995)

(12a)에서는 여자의 몸이 경련을 일으키고 있는 모습을 「ビクビク」가 나타내고 있으며 (12b)에서는 화분이 물 속에서 움직이는 모습을 「びくびく」로 표현하고 있다.

[의미2] 나쁜 일이 일어날 것을 두려워하는 모습

(13) a. 息子は毎日毎日いじめられて、びくびくおびえてすごす。(殺人を予告した少年の日記 ワニブックス 2001)

b. かなりびくびくしましたが、再検査では異常なしでした。(Yahoo!知恵袋 Yahoo! 2005)

용례(13)에서는 「びくびく」가 구체적인 모습을 나타내는 것이 아니라 사람의 심리를 나타내는 것으로서 걱정하거나 무서워서 쭈뼛거리는 모습 혹은 병원 검사 결과에 대한 두려움을 나타내고 있다. 즉 인간의 신체가 경련을 일으키는 모습에서 연상된 이미지가 두려움을 느끼는 감정·심리로 의미확장이 일어나고 있다.

한편 「ひし(と)、ひやひや」의 경우는 냉기를 느끼는 감각에서 두려움을 느끼는 감정·심리로 의미확장되고 있다.

[의미1] 차가움을 계속해서 느끼는 모습

(14) a. 看護婦が窓の鎧戸をそっと開けている。外はまだ暗いながら、黎明の冷々する風が忍び込んで来ている、—そういう時の嬉しさ、悦しさ。(ちくま文学の森 筑摩書房 1988)

b. マンション廊下に靴音が響く。ドアを開けると、冷々とした室内が迎える。(ミッドナイトブルー 徳間書店 2003)

용례(14a)에서는 「ひやひや」가 창밖에서 차가운 바람이 불어 들어오는 것을 나타내고 있으며 용례(14b)에서는 아파트 복도의 차가운 공기를 나타내고 있다. 이러한 차가운 감촉에서 연상된 이미지는 아래와 같이 사람이 공포를 느끼는 의미로 확장되고 있다.

[의미2] 위험을 예감하고 공포를 느끼는 모습

(15) a. そのようすを、部屋のすみからひやひやしながら見ていたのは、この宴会を取りしきっている男たちである。(福の神になった少年 佼成出版社 1997)

b. 日本軍の小部隊がいるはずだから、あまり急ぐと疑われてしまう。内心ひやひやしていたが、おれはなんとか士官らしい足取りで歩いていった。(多元宇宙バトル·フィールド 早川書房 1990)

용례(15)에서는 위험을 예감하고 공포를 느끼는 모습이 나타나고 있는데 이는 차가움을 느끼는 촉각 혹은 내부감각에서 연상된 이미지로 볼 수 있으며 이 때「ひやひやする」는 화자자신의 심리를 나타내고 있다.

6.6. 화를 나타내는 감정·심리 오노마토피어 의미확장

화를 내는 모습을 나타내는 한국어 감정·심리 오노마토피어로는「발칵, 발칵발칵, 발깍, 발깍발깍, 발끈, 발끈발끈, 버르르, 벌컥, 벌꺽, 벌꺽벌꺽, 벌끈, 벌끈벌끈, 볼끈, 볼끈볼끈, 볼똑, 볼똑볼똑, 부르르, 불끈, 불끈불끈, 불뚝불뚝, 팔딱, 퍼르르, 푸르르, 빨끈, 빨끈빨끈」등이 있다. 이들 오노마토피어는 ①몸을 떨거나 불이 타오르는 모습·액체가 끓어오르는 모습, ②닫혀 있던 것을 갑자기 여는 모습, ③물체가 갑자기 솟아오르거나 나타나는 것에서 연상된 이미지가 사람이 화를 내는 감정·심리로 의미가 확장되고 있다. 이는 레이코프(Lakoff : 1987)에서 분노에 관해 언급된 액체가 끓어오르는 모습, 용기 속의 압력이 폭발하여 내용물이 밖으로 튀어나오는 은유와 관련된다고 볼 수 있다. 레이코프(Lakoff : 1987)는 인간의 신체가 느끼는 감각이 정서의 개념 구조에 이어진다는 것을 분노와 관련된 메타파를 통해 정리하고 있다.

> The physiological effects of anger are increased body heat, increased internal pressure(blood pressure, muscular pressure), agitation, and interference with accurate perception.
> As anger increases, its physiological effects increase.

There is a limit beyond which the physiological effects of anger impair nomal functioning.

(Lakoff 1987 : pp.381-382)

분노의 생리적인 영향은, 체온의 상승, 체내의 압력(혈압, 근육압) 증가, 불안, 정상적인 지각의 저해이다. 분노가 증가할수록 생리적인 영향도 증가한다. 어떤 한계가 존재하고 그 한계를 넘으면 분노의 생리적인 영향으로 인해 정상적인 기능이 손상된다.

이러한 이론을 바탕으로 〈ANGER IS HEAT〉(분노는 열이다), 〈ANGER IS THE HEAT OF A FLUID IN A CONTAINER〉(분노는 용기 속의 액체의 열이다), 〈ANGER IS FIRE〉(분노는 불이다) 등과 같은 메타파를 설명하고 있다.

먼저 「버르르, 부르르, 퍼르르, 푸르르」는 몸을 떨거나 불이 타오르는 모습 혹은 액체가 끓어오르는 모습에서 사람이 화를 내는 모습으로 의미확장되고 있다.

[의미1] 크고 가볍게 떠는 모양

(16) a. 몸이 부르르 떨린다. (국립국어원 표준국어대사전)

b. 이따금씩 문풍지가 부르르 떨리고 뒤꼍 대숲에서 들리는 벌레들 울음은 마치 누에가 가늘디 가는 실로 고치를 짓듯 괴괴한 초가을밤을 한켜 한켜 정교하게 바느질해 가는 소리처럼 고즈너기 들렸다. (묵시의 바다, 문학사상사, 2002)

[의미2] 얇은 종이나 털 따위에 불이 붙어 가볍게 타오르는 모양

(17) 담뱃불을 던지자 가랑잎이 부르르 타올랐다. (국립국어원 표준국어대사전)

[의미3] 많은 양의 액체가 가볍게 끓을 때 나는 소리. 또는 그 모양.

(18) a. 부르르 밥이 끓었다. (국립국어원 표준국어대사전)

b. 주전자에서 부르르 물이 끓어 넘쳤다. (국립국어원 표준국어대사전)

「부르르」의 경우 [의미1][의미2][의미3]에서는 구체적인 물체가 떨리거나 불이 붙어 타오르는 모습 혹은 액체가 끓어오르는 모습을 나타내고 있다. 이러한 모습에서 연상된 이미지가 아래의 용례(19)에서는 사람이 화를 내는 모습으로 의미확장되고 있다.

[의미4] 갑자기 성을 내는 모양.

(19) a. 돌사자는 노여움에 온몸이 부르르 떨려 왔습니다. (똘배가 보고 온 달나라, 창작과 비평사, 1977)

b. 주변을 의식한 남자가 몸만 부르르 떨며 화를 내고 여자는 멍하니 앞쪽 무대로 시선을 피한다. (날마다 축제, ㈜창비, 2004)

한편「발칵, 발칵발칵, 발깍, 발깍발깍, 벌컥, 벌꺽, 벌꺽벌꺽」의 경우 닫혀 있던 것을 갑자기 여는 모습에서 사람이 화를 내는 모습으로 의미확장되고 있으며「발끈, 발끈발끈, 벌끈, 벌끈벌끈, 볼끈, 볼끈볼끈, 볼똑, 볼똑볼똑, 불끈, 불끈불끈, 불뚝불뚝, 팔딱, 빨끈, 빨끈빨끈」등은 물체가 갑자기 솟아오르거나 나타나는 것에서 연상된 이미지가 사람이 화를 내는 모습으로 의미확장되고 있다.

[의미1] 물체 따위가 두드러지게 치밀거나 솟아오르거나 떠오르는 모양

(20) a. 그의 관자놀이에 불끈 솟아오른 혈관이 붉게 맥동하고 있었다. (경성애사, 영언문화사, 2002)

b. 이마에 퍼런 힘줄이 불끈 튀어나왔다. (나비, 봄을 만나다, 문학동네, 2001)

용례(20)에서는 이마에 솟아오른 혈관 및 힘줄을 나타내고 있는데 이러한 모습에서 연상된 이미지는 사람이 흥분하여 화를 내는 모습으로 의미가 확장되고 있다.

[의미2] 흥분하여 성을 왈칵 내는 모양

(21) a. 손님으로부터 싫은 소리라도 들으면 화가 불끈 치밀어 '상품을 팔기 위해서 지금 손님과 말을 하고 있다'는 목적 자체를 잊어버리고 마는 사람이 있다. (화술과 인간관계, 영언문화사, 2001)

b. 대수롭지 않은 일에 불끈 화가 치밀어 욕을 하고 매도 듣고, 심지어 미움을 갖게 되는 경우도 종종 있다. (조선일보 생활(93), 조선일보사, 1993)

용례(21)에서는 「(화가) 불끈 치밀다」라는 관용적인 표현으로 사용되고 있으며 억눌려있던 감정이 솟아오르는 모습을 나타나고 있다. 인간의 신체가 느끼는 감각에서 연상된 이미지가 사람의 감정·심리를 나타내는 모습으로 의미확장되고 있다.

화를 내는 모습을 나타내는 일본어 감정·심리 오노마토피어로는 「かっか、むっと、むかむか」 등이 있다. 이 중 「かっか」는 불이 타오르는 모습에서 연상된 이미지가 사람이 화를 내는 모습으로 의미확장되고 있다고 볼 수 있으며 「むっと、むかむか」는 내부감각에서 느껴지는 이미지가 화를 내거나 불쾌감을 나타내는 사람의 감정·심리로 의미확장되고 있다. 이는 레이코프(Lakoff : 1987)에서〈ANGER IS HEAT〉(분노는 열이다), 〈ANGER IS THE HEAT OF A FLUID IN A CONTAINER〉(분노는 용기속의 액체의 열이다), 〈ANGER IS FIRE〉(분노는 불이다) 은유 항목과도 유사하게 나타나고 있는데 액체에 적용될 경우 용기속의 액체의 열로 표현되며 고체에 적용될 경우는 불타오르는 모습, 폭발 등의 이미지에서 사람이 몹시 화를 내는 모습으로의 은유가 나타나게 된다. 즉 「かっか」의 경우 활

활 불타오르는 모습에서 사람이 몹시 화를 내고 있는 모습으로 의미확장되고 있다.

[의미1] 발열체의 열기가 강렬한 모습

(22) a. カッカと燃え上がるゲルマを体感してください。(Yahoo!知恵袋 Yahoo! 2008)

b. 最近、手のひらと、足の裏が熱くて仕方がありません。寝る時もカッカして冷やして寝たいぐらいです。(Yahoo!知恵袋 Yahoo! 2005)

용례(22)에서 「かっか」는 구체적인 감각으로서 게르마늄이 불타오르는 모습 및 몸속의 열이 오르는 모습을 나타내고 있다.

[의미2] 화가 나서 흥분이 강렬한 모습

(23) a. しかし、一人カッカと頭に血が上り、空回りしているマードックを見て、(Yahoo!知恵袋 Yahoo! 2008)

b. 怒ってすぐにかっかとする人もいれば、静かに怒る人もいます。(これを英語で言えますか？ 講談社インターナショナル 1999)

용례(23)에서는 「かっか」가 화를 내는 모습을 나타내고 있는데 머리에 피가 솟구치는 표현에서 용기 속의 액체의 열이 화를 표현하는 은유가 나타나고 있다. 이처럼 「かっか」의 경우에는 불이 타는 모습과 열이 가득 차 있는 모습에서 사람이 화를 내는 모습으로의 의미확장이 나타나고 있으며 「むっと、むかむか」의 경우에는 터져 나오는 화를 참는 다른 비유표현으로 나타난다. 「むっと」는 숨이 막힐 것 같은 느낌과 화가 나는 것을 참는 표정을 나타낸다.

[의미1] 불쾌한 냄새나 열기로 숨이 막힐 것 같은 모습

(24) a. 空気がむっとする草いきれを運んでくる。(終末のプロメテウス 早川書房 1998)

b. 雨上がりでむっとするような夕方は特に多かった。(野外あそび事典 くもん出版 1994)

용례(24)에서는 열기를 「むっと」로 표현하고 있는데 이는 아래 용례(25)와 같이 사람의 감정으로 의미가 확장되고 있다.

[의미2] 치밀어 오르는 화를 억누르는 모습

(25) a. 唯史はむっとして感情的になりかけた。(ラブ·ミー·プリーズ 角川書店 2002)

b. 矢木はむっとしたようだが、それをおさえこみいった。(氷舞 光文社 1997)

용례(25)에서는 구체적인 감각이 아니라 화가 치길어 오르지만 억누르는 모습 또는 그러한 심리를 나타내고 있는데 「むっとする」 표현으로 나타나고 있다. 레이코프(Lakoff : 1987)에서 용기 속의 압력이 높아져 터질 듯한 상태와도 연관된 은유라 볼 수 있다. 「むかむか」도 토할 것 같은 혹은 토할 것처럼 싫은 것에서 연상된 이미지가 불쾌한 대상에 대한 기분으로 의미확장되고 있다. 즉 내부 감각에서 연상된 이미지가 사람의 감정·심리를 나타내는 오노마토피어로 의미확장되고 있다. 사람이 화를 내는 모습을 나타내는 오노마토피어는 내부적인 에너지가 밖으로 분출된다고 하는 의미에서는 한국어와 일본어 모두 레이코프(Lakoff : 1987)가 분노에 관해 서술한 은유와 동일 선상에 있다고 볼 수 있다.

6.7. 초조함을 나타내는 감정·심리 오노마토피어

초조한 모습을 나타내는 한국어 감정·심리 오노마토피어로는 「바질바질, 부질부질, 빠질빠질, 뿌질뿌질」 등이 있는데 이들 오노마토피어는 땀이 나는 모습에서 연상된 이미지가 속이 상하거나 안타까워서 애가 자꾸 타는 모양으로 의미확장되고 있다.

[의미1] 덥거나 일이 뜻대로 되지 아니하여 땀이 자꾸 나는 모양

(26) 실험 조작이 제대로 되지 않아 땀을 바질바질 흘리며 겨우 작업을 끝냈다. (국립국어원 표준국어대사전)

[의미2] 속이 상하거나 안타까워서 애가 자꾸 타는 모양

(27) a. 남편이 집을 떠난 지 며칠이 되도록 연락이 없자 아내의 속은 바질바질 타기 시작했다. (국립국어원 표준국어대사전)

b. 그는 마음을 바질바질 태우며 아이의 수술이 무사히 끝나기만을 기다렸다. (국립국어원 표준국어대사전)

용례(26)에서는 「바질바질」이 땀이 나는 모습을 나타내고 있는데 이러한 신체적 현상에서 연상된 이미지가 용례(27)에서는 초조하거나 안정되지 못한 감정·심리 상태로 의미확장되고 있다.

초조한 모습을 나타내는 일본어 감정·심리 오노마토피어로는 「いらいら、むずむず」 등이 있다. 이들 오노마토피어는 가시 같은 작은 물건이 피부를 찌르는 감촉이나 벌레가 들어온 듯한 자극이나 가려움을 나타내는 촉각에서 연상된 이미지가 생각대로 일이 진행되지 않아 화가 나거나 초조해하는 모습으로 의미가 확장되고 있다.

「いらいら」는 피부에 이물감이 느껴지는 촉각에서 생각대로 일이 진

행되지 않아서 화가 나거나 초조해하는 사람의 심리로 의미가 확장되고 있다.

[의미1] 가시 같은 작은 물건이 계속해서 피부를 찌르는 감촉

(28) a. のどに魚の小骨がひっかかっているらしく、何か飲み込むたびにいらいらと痛い。(擬音語擬態語使い方辞典 創拓社 1995)

b. 抜いたとげがまだ指先に残っていて、何かするたびにいらいらとさわる。(擬音語擬態語使い方辞典 創拓社 1995)

[의미1]에서는 가시 같은 작은 물건이 피부를 찌르는 감촉을 나타내고 있다. 용례(28a)에서는 작은 가시가 목에 걸려 무엇인가 삼킬 때마다 목이 아픈 통증을 나타내고 있으며 용례(28b)에서는 손끝에 찔린 가시 때문에 스칠 때마다 느껴지는 아픈 감촉을 나타내고 있다. 이러한 촉각에서 연상된 이미지가 아래 [의미2]와 같이 화가 나거나 초조해하는 모습을 나타내는 감정·심리로 의미가 확장되고 있다.

[의미2] 생각대로 일이 진행되지 않아서 화가 나거나 초조해하는 모습

(29) a. 自分をコントロールできないのですぐにイライラする。(原則中心リーダーシップ キングベアー出版 2004)

b. グラントは一時間ばかりイライラしながら、この考えに抵抗した。(歌う砂 論創社 2005)

[의미2]의 「いらいら」는 생각대로 일이 진행되지 않아 화가 나거나 초조해하는 모습을 나타내고 있는데 감정·심리 오노마토피어로 사용될 경우「する」와 결합하여 동사형으로만 사용된다. 「むずむず」의 경우도 벌레가 들어온 듯한 자극이나 가려움을 느끼는 촉각에서 사람이 안절부

절 못하는 모습으로 의미가 확장되고 있다.

[의미1] 벌레가 들어온 듯한 자극이니 가려움을 계속해서 느끼는 모습

(30) a. 鼻もチョットムズムズしているのですが、アレルギーとかでしょうか。。。(Yahoo!知恵袋 Yahoo! 2005)

b. 両手の甲がむずむずする。見ると皮膚の下から何かが浮き上がって来ている。(準備だけはあるのに、中央公論新社 2004)

용례(30a)에서는 알레르기로 코가 간질간질한 모습을 나타내고 있으며 용례(30b)에서는 피부 속에서 무엇인가 올라와서 간지러움을 느끼는 모습을 나타내고 있다.「むずむず」의 경우 간지러움을 느끼는 촉각에서 연상된 이미지가 은유를 통해 사람이 안절부절 못하는 모습 혹은 무슨 일을 하고 싶어 좀이 쑤시는 모습으로 의미확장되고 있다.

[의미2] 무엇인가 하고 싶지만 생각대로 일이 진행되지 않아서 마음이 안정되지 않는 모습

(31) a. これがまた撮りたくなる風景なのですよ。私でさえムズムズしてるんだから、同行のカメラマンなんか懐中のカメラを握りしめて (男ざかりの美学 文芸春秋 1987)

b. 聴衆はそこに座っていて、Aマイナーは響いている。そして、だんだんむずむずしてきて、ちょっと体を動かしたりせきをしたりし始める。(インナービューズ 太田出版 2001)

용례(31a)에서는 찍고 싶은 풍경을 눈앞에 두고 좀이 쑤시는 모습을 나타내고 있으며 용례(31b)에서 청중들이 안절부절 못하고 기침을 하거나 몸을 움직이는 모습을「むずむず」가 나타내고 있다. 이와 같이 일본어의 경우 피부에 느껴지는 촉각의 불쾌한 느낌에서 연상된 이미지가 초

조함을 나타내고 있는데 비해 한국어의 경우는 내부적인 신체 상태에서 느껴지는 감각에서 초조함으로 의미가 확장되고 있다. 두 경우 도두 인간의 신체에서 느껴지는 감각에서 연상된 이미지가 사람의 감정·심리로 의미확장되고 있다.

Korean and Japanese Synaesthetic Onomatopoeia-
From Sense to Emotion·Psychology

한·일 감정·심리 오노마토피어 어휘화 과정 분석

-음과 의미와의 유연성(有緣性) 약화를 중심으로-

07

07

한·일 감정·심리 오노마토피어 어휘화 과정 분석

-음과 의미와의 유연성(有緣性) 약화를 중심으로-

한국어와 일본어 오노마토피어는 구체적 감각에서 추상적 비유표현으로 일정한 방향성을 가지고 의미확장이 진행되는데 이 과정에서 일반어와 오노마토피어의 가장 큰 차이점으로 여겨졌던 음과 의미와의 유연성(有緣性)이 약화되는 현상이 나타난다. 이와 같은 현상은 오노마토피어가 소리나 모습을 모방하는 단계에서 어휘화가 진행되어 일반어에 가까운 성격을 가지게 되면서 발생하는 것으로 생각되며 오노마토피어 어휘 내부에서도 어휘화 정도에 따라 단계별 분류가 필요할 것으로 생각된다. 감정·심리 오노마토피어의 경우 어휘화가 진행되어 가장 일반어에 근접한 특징을 가진 단계로서 오노마토피어로서의 특징보다는 일반어적인 특징이 많이 나타나고 있다. 따라서 감정·심리 오노마토피어의 경우 오노마토피어의 특징으로 여겨졌던 양성모음과 음성모음의 대응과 청·탁의 대응이 의미적 대응으로 연결되지 않는 경우가 발생하며 한국어의 경우 관용표현에서의 모음교체 제약이 나타나고 있다.

7.1. 오노마토피어 어휘화 단계

통시언어학적으로는 두 개 이상의 형태적 성분으로 된 형식이 그 성분의 의의(意義)와 통어규칙만으로는 예측할 수 없는 의의(意義)를 가지게 되는 것을 어휘화(lexicalization)라고 한다. 다시 말하면 어휘화는 무연화(無緣化)의 일종이다.

> 복합어 : マブタ[←マ(目)+フタ(蓋)], コトバ[コト+ハ(葉)], オトウト[←オト+ヒト], イモウト[←イモ+ヒト]
> 관용구 : 「目から鼻に抜ける」「青菜に塩」「こんにちは」
>
> 亀井孝(外) (1996 : p.514)

오노마토피어에 있어서는 이러한 무연화(無緣化)의 기준이 음과 의미와의 상관관계라고 볼 수 있는데 선행 연구에서도 세부적인 분류는 달리하고 있으나 공통된 기준으로서 음과 의미와의 유연성(有緣性)을 들고 있다. 즉 음과 의미와의 관계가 긴밀할수록 오노마토피어적 성격이 강한 것으로 보고 있으며 음과 의미와의 관계가 무연화(無緣化)되어지면 오노마토피어적인 성격을 잃고 일반어에 가까워진다고 보고 있다.

다모리(田守 : 1991)는 오노마토피어의 어휘화 혹은 문법화에 대해서 특정 오노마토피어가 통어구조, 즉 문장에 자유롭게 삽입될 수 있는가를 어휘화의 기준으로 삼고 있다.

(1) a. リンゴがごろごろっと転がった。
    b. *彼は毎日ごろごろっと過ごしている。
(2) a. 突然地震で家がぐらぐらっと揺れた。
    b. *汚職事件がテレビで報道されて以来、彼の社長としての地位がぐらぐらっと揺らぎ始めた。

田守(1991 : p.191)

다모리(田守 : 1991)는 용례(1)과 용례(2)에서 문장에서의 「ごろごろっと」「ぐらぐらっと」의 삽입여부를 통해 오노마토피어의 어휘화에 대해 설명하고 있다. 즉 촉음을 동반한 형태가 용례(1a)(2a)에서는 가능하나 용례(1b)(2b)에서는 불가능한 것으로 나타나고 있는데 다모리(田守 : 1991)에서는 그 이유로서 촉음을 동반한 오노마토피어의 경우 구체적인 형태에서는 사용될 수 있으나 용례(1b)(2b)에서와 같이 관습화된 추상적인 의미에서는 구체적인 묘사력이 높은 촉음이 동반된 형태가 비유적 의미와는 모순되기 때문으로 보고 있다.

또한 가도오카(角岡 : 2007)에서는 어휘화의 정도가 가장 낮은 레벨 1은 임시어(nonce form), 레벨 2는 대부분의 일본어 오노마토피어를 포함하고 있으며 조사 「と」를 의무적으로 동반한다. 레벨 3은 「~する、~だ、~になる」 등에 접속해서 전체로서 어로 기능하는 부류이다. 조사 「と」를 수의적으로 동반하는 것, 조사 「と」를 동반하지 않고 단독으로 사용되는 것, 결과를 나타내는 조사 「に」를 의무적으로 동반하는 것 등이 포함된다. 레벨 4는 오노마토피어 어휘에 기반한 각종 파생어로서 「~する」「~つく」「~ぬく」「~ける」「~る」 등의 동사어미에 접속하는 2음절의 어기(語基)로 반복형이 있는 것 등을 들고 있다.

위의 다모리(田守 : 1991), 가도오카(角岡 : 2007)에 의한 분류가 음운·형태적인 면 그리고 통어적인 면에서의 분류인데 비해 하마노(浜野 : 2014 p.72)는 아래와 같이 의미적인 면에서 환유(metonymy)와 은유(metaphor)를 통한 의미확장에서의 어휘화 과정을 언급하고 있다.

① 동물의 울음소리 모방 : ワンワン、ミンミン

② 어휘의 발성방법과 어휘가 지시하는 대상 사이에 강한 상관관계가 나타난다는 점에서 모방적인 것 : パーン、ハッ

③ 음이 가지는 의미가 위치에 따라 제약이 나타난다는 점에서 모방성이 떨어지는 것, 아직 구상적인 음상징을 가지고 있음 : カチカチ、チカチカ

④ 감정이나 태도라고 하는 추상적인 음상징을 가지는 것 : ワクワク、キッパリ

⑤ 운동과는 전혀 상관없이 정도부사로 쓰이는 것 : ぐっと
확신의 정도를 나타내는 진술부사로 쓰이는 것 : きっと

浜野(2014 : p.72)

본서에서는 음상징이 강하게 나타나는 즉 음과 의미와의 관계가 유연적(有緣的)인 오노마토피어가 환유(metonymy)와 은유(metaphor)에 의해 의미가 확장되어가면서 음과 의미와의 관계가 일반어와 유사하게 자의적(恣意的)이 되며 문법적으로도 정태부사 이외에 정도부사, 진술부사, 술어 등 다양한 품사로 사용되는 것을 오노마토피어에 있어서 어휘화(lexicalization)라고 정의한다.

본서에서는 아래와 같이 의미확장에 따라 오노마토피어 어휘화 단계를 설정하고 전체 오노마토피어 어휘를 이 기준에 따라 분류해 보고자 한다.

① 레벨1 : 의음어(의미확장 없음)
ex) うっ(と)、うふふ、かーかー、があがー …

② 레벨2 : 의음어→의태어(구체적 감각)
ex) うんうん、おいおい、かっちんかっちん、がやがや …

③ 레벨3 : 의음어→의태어(구체적 감각→추상적 비유)

ex) かさかさ、がさがさ、かちかち、がちがち、からから …

④ 레벨4 : 의태어 내부 의미확장(구체적 감각→추상적 비유)

ex) あっさり、こっくり、さっぱり、しっとり、じっとり …

⑤ 레벨5 : 의태어→의정어

ex) いじいじ、いらいら、うかうか、うきうき …

레벨1의 경우 가장 오노마토피어다운 어로서 어휘화의 레벨이 가장 낮다고 볼 수 있다.

(3) a. 揉み上げると、うふふ、と笑った。(土方歳三 徳間書店 2000)

b. このいぬは「わんわん」といっています。(はじめてのにほんご 大修館書店 1990)

용례(3)에서 「うふふ」는 사람이 웃는 소리를 나타내고 있으며 「わんわん」은 개가 짖는 소리를 나타내고 있다. 이 경우 반드시 인용을 나타내는 조사 「と」를 동반하여 소리만을 나타내고 있으며 의미확장은 일어나지 않고 있다.

레벨2는 청각에서 시각으로 의미가 확장되고 있는 용례로서 아직은 추상적인 비유표현까지 의미가 확장되고 있지 않으며 음과 의미와의 상관관계가 긴밀하다고 볼 수 있다.

(4) a. 男はまたおいおいと、泣いた。(二つの祖国 新潮社 1983)

b. 電車の中や公共の場でがやがやと騒がしい子供はどこにでもいるもの。(お国ことばのふしぎ大事典 青春出版社 2000)

용례(4)에서 「おいおい」는 사람이 우는 소리 혹은 모습을 나타내고 있으며 「がやがや」는 아이들이 떠드는 소리 혹은 모습을 나타내고 있다. 이 경우도 인용을 나타내는 「と」를 동반하고 있으며 소리와 동시에 모습으로 환유(metonymy)에 의한 의미확장이 나타나고 있다.

레벨3과 레벨4는 구체적 감각에서 추상적 비유표현으로 의미가 확장되는 경우로서 구체적 감각의 경우 특정 명사·동사와 공기하고 있으나 추상적 비유표현으로 의미가 확장되면 청·탁의 대응에 의한 의미적 대응관계나 특정 명사·동사와의 제약이 약화된다.

(5) a. 真っ暗な部屋の片隅で何かがかさかさと動いている音がした。(花響 平凡社 2002)

b. 小さな手はカサカサで、ひび割れていた。(サイレント·ナイト 光文社 2002)

용례(5)에서 「かさかさ」는 건조한 것이 부딪히는 소리에서 연상된 이미지가 건조함을 나타내는 촉각으로 의미확장되고 있다. 용례(5a)에서는 방의 구석에서 무엇인가가 움직이는 소리를 나타내고 있으며 용례(5b)에서는 손이 거칠어서 갈라진 모습을 나타내고 있다.

(6) a. 紙がこすれるガサガサという音がした。(レッドウッドの森 ソニー·マガジンズ 2001)

b. 肌もガサガサになってしまい、皮膚科で調べたら金属アレルギーであることがわかりました。(歯科技工士が書いた入れ歯至急相談室 現代書林 2002)

용례(6)의 「がさがさ」는 청음 「かさかさ」와 다찬가지로 건조한 것이 부딪히는 소리에서 연상된 이미지가 건조함을 나타내는 촉각으로 의미확장되고 있다. 용례(6a)에서는 종이가 부딪혀서 나는 소리를 나타내고 있으며 용례(6b)에서는 피부가 건조하게 된 모습을 나타내고 있다. 「かさかさ」「がさがさ」의 경우 청각·촉각에서는 의미적 대응을 이루고 공기하는 명사·동사도 유사하다. 하지만 추상적인 비유표현으로 의미가 확장되면 의미적 대응은 이루어지지 않게 된다.

(7) a. でもなぜか心がカサカサになっていくようでたまらないんです。(子育てがつらくなったとき読む本 PHPエディターズ·グループ;PHP研究所 2001)

b. 政界でこそ河野氏はガサガサしているが、新聞記者時代の彼は一個の好青年だった。(男でござる 山手 1981)

용례(7)에서 「かさかさ」「がさがさ」는 비유적인 표현으로서 용례(7a)에서는 마음이 까칠하게 메말라 있는 모습을 나타내고 있으며 용례(7b)에서는 사람의 성질이 부드럽지 못하고 거칠거나 덤벙대는 모양을 나타내고 있다. 비유표현이 되면 청음과 탁음에 있어 서로 의미적 대응이 사라지게 되며 특정 명사·동사와의 공기제약도 나타나지 않는다. 즉 음과 의미와의 유연성이 사라지고 일반어와 유사한 용법이 나타나게 된다.

레벨3과 레벨4는 구체적 감각에서 추상적 비유표현으로의 의미확장이라고 하는 점에서는 동일하나 레벨3의 경우 의음어로서의 의미도 가지고 있는 등 음과 의미와의 상관관계가 레벨4보다 긴밀하다고 볼 수 있다. 레벨4의 경우 음적인 요소는 포함하고 있지 않으며 의태어로서의 의미만 가지고 있다.

(8) a. 塩とレモンで食べてあっさりです。保存する際に切り口などキッチンペーパーに水を含ませてからラップ保存する。(Yahoo!知恵

袋 Yahoo! 2005)

b. 与五郎は自分ではあっさりした性格だと思っている。(義士の群れ 広済堂出版 1995)

c. 意外にも「カズ」はあっさりあきらめてくれた。(女性セブン 小学館 2002)

용례(8)에서 「あっさり」는 깔끔한 맛을 나타내는 미각에서 사람의 성격이 깔끔함을 나타내는 비유표현을 거쳐 일의 진행이나 정도가 깔끔하거나 완전한 모습을 나타내는 일반 부사로 사용되고 있다.

레벨5는 구체적 감각에서 사람의 감정·심리로의 의미확장 혹은 의정어만의 의미를 가지고 있는 용례로서 오노마토피어 어휘 중 가장 어휘화가 진행되어 일반어와 유사한 의미·용법으로 나타나고 있다.

본서에서는 레벨5에 해당하는 감정·심리 오노마토피어를 분석대상으로 하여 음과 의미와의 유연성(有緣性)이 약화되어 어휘화되어 가는 과정을 살펴보고자 한다.

한국어의 경우 『우리말 의성의태어 분류사전』(1982, 연변언어연구소 pp.98-114)에서 사람과 관련하여 쓰이는 의태어 중 감각, 감정, 생각을 나타내거나 심리, 정신 상태를 나타내는 의태어를 의미별로 세분화하여 하위분류하고 있다. 아래의 【표1】은 『우리말 의성의태어 분류사전』에서 추출한 사람의 감정·심리를 나타내는 오노마토피어를 의미별로 정리한 것이다.

【표1】 한국어 감정·심리 오노마토피어

	의미	용례
1	가슴이 울렁이는 모양	달랑 달랑달랑 달막달막 덜렁 덜렁덜렁 덜컥 덜컹 덜꺽 도근 도근 두근두근 들먹들먹 철렁 출렁 털렁 울렁울렁 왈랑왈랑
2	감정이 북받치는 모양	뭉클 뭉클뭉클 울컥 울컥울컥 울꺽 울꺽울꺽 왈칵 왈칵왈칵

3	기나 숨 같은 것이 막히는 모양	캌 캌캌 콱 콱콱 탁 탁탁 턱 턱턱 꽉 꽉꽉 딱 딱딱
4	긴장한 모양	바싹 바싹바싹 바짝 바짝바짝
5	놀라는 모양	펄쩍 펄쩍펄쩍 흠칫 흠칫흠칫 깜짝 깜짝깜짝 끔쩍 끔쩍끔쩍
6	두렵거나 징그럽거나 호젓한 모양	섬뜩섬뜩 주뼛 주뼛주뼛 지긋지긋 쭈뼛 쭈뼛쭈뼛 아씩 오싹 오싹오싹 으쓱 으쓱으쓱
7	마음이 움직이는 모양	(1)마음이 격하게(심하게) 움직이는 모양 : 더럭 부글부글 찡 (2)마음이 들떠서 움직이는 모양 : 간질간질 달싹달싹 들썩들썩 글썽글썽 들썽들썽 싱숭생숭 흥숭생숭 휘영휘영 끄덕 (3)마음이 몹시 죄여드는 모양 : 바글바글 바작바작 보글보글 자글자글 지글지글 빠작빠작 뻐적뻐적 (4)마음이 상쾌하거나 후련한 모양 : 가든가든 가뜬가뜬 거든거든 거뜬거뜬 산뜻산뜻 탁 턱 흐뭇흐뭇 확 확확 (5)기타 : 비틀비틀 지긋지긋 허비적허비적 후비적후비적 휘영휘영 깐질깐질 끄덕 딱 떵떵
8	성을 내는 모양	발칵 발칵발칵 발깍 발깍발깍 발끈 발끈발끈 버르르 벌컥 벌꺽 벌꺽벌꺽 벌끈 벌끈벌끈 볼끈 볼끈볼끈 볼뚝 볼뚝볼뚝 부르르 불끈 불끈불끈 불뚝불뚝 불뚱불뚱 팔딱 퍼르르 푸들푸들 푸르르 빨끈 빨끈빨끈 쨍쨍 와락 왜쭉왜쭉
9	정신상태가 어떠한 모양	마록마록 말똥말똥 말뚱말뚱 멀뚱멀뚱 민숭민숭 맨숭맨숭 번쩍 번쩍번쩍 펄쩍 펄쩍펄쩍 핑 핑그르르 핑핑 팽 팽그르르 팽팽 까물까물 꺼물꺼물 또랑또랑 뿌덕뿌덕 아뜩아뜩 아찔아찔 어리마리 어질어질 어뜩어뜩 어찔어찔 오락가락
10	애타는 모양	바질바질 부질부질 조릿조릿 빠질빠질 뿌질뿌질

일본어의 경우 『擬音語·擬態語辞典』(1978 浅野鶴子 角川小辞典12 角川書店)에서 의정어로 표기하고 있는 아래의 44개의 의정어를 고찰의 대상으로 한다.

いじいじ いらいら うかうか うきうき うじうじ うずうず うっかり うっとり うんざり おずおず おたおた おちおち かっか がっくり ぎょっ きょとん くさくさ くしゃくしゃ くよくよ げんなり さばさば しんみり すっきり ぞっこん そわそわ どきっ のんびり はっ はらはら びくっ びくびく ひし(と) ひやひや ほくほく ほっ ぼんやり むかむか むしゃくしゃ むしゃむしゃ むずむず むっ むらむら やきもき わくわく

7.2. 음과 의미와의 유연성(有緣性)

본 절에서는 감정·심리 오노마토피어의 음과 의미와의 유연성(有緣性)을 고찰하기 위해 한국어의 경우 양성모음과 음성모음의 의미적 대응 양상을 분석하고 일본어의 경우 청·탁의 의미적 대응 양상을 분석하기로 한다.

한국어 감정·심리 오노마토피어의 경우 양성모음과 음성모음이 교체될 경우 의미적 대응을 이루는 용례가 다수 존재한다.

달랑:덜렁 달랑달랑:덜렁덜렁 도근도근:두근두근 탁:턱 탁탁:턱턱 빠작빠작:뻐적뻐적 가든가든:거든거든 가뜬가뜬:거뜬거뜬 발칵:벌컥 발깍:벌꺽 발깍발깍:벌꺽벌꺽 발끈:벌끈 발끈발끈:벌끈벌끈 볼끈:불끈 볼끈볼끈:불끈불끈 볼뚝볼뚝:불뚝불뚝 까물까물:꺼물꺼물

위의 용례들은 【표1】한국어 감정·심리 오노마토피어 용례들을 대상으로 양성모음과 음성모음이 대응을 이루는 페어를 추출한 용례 중 의미적으로도 대응하고 있는 용례들이다. 즉 음과 의미적 대응이 유연성(有緣性)을 가지는 오노마토피어다운 성격을 가지고 있는 용례들이다.

(9) a. 봉선화는 화를 발칵 내면서 또 쫑알거렸다. (사슴과 사냥개, 창작과 비평사, 1970)

b. 해님은 화를 벌컥 내었다. (작은 그림책, 창작과 비평사, 1981)

용례(9)의 경우 화를 내는 모습을 나타낸다는 점에서는 동일하며 「발칵」보다는 「벌컥」쪽이 좀 더 크게 화를 내는 느낌을 나타내고 있다.

(10) a. 나는 그들의 이야기를 들으며 갑자기 숨이 탁 막히는 것을 느꼈다. (돈의 여행, 지경사, 1989)

b. 수혜는 이렇게 이따금씩 엿보이는 진우의 우울한 표정에 숨이 턱 막히는 것만 같았다. (아름다운 그 시작, 삼신각, 1994)

용례(10)의 숨이 막히는 모습을 나타내는 「탁」「턱」의 경우도 동일한 문형에 사용되며 음적 뉘앙스의 차이만 느껴질 뿐 객관적 의미는 동일하다.

한편 일본어 감정·심리 오노마토피어의 경우 의미적으로 대응하는 청·탁 대응형을 가지고 있지 않다. 예를 들면 「くさくさ:ぐさぐさ くしゃくしゃ:ぐしゃぐしゃ はらはら:ばらばら:ぱらぱら ひくひく:びくびく:ぴくぴく」 등의 용례는 형태적으로는 대응하고 있으나 구체적 감각에서 의미확장하여 감정·심리를 나타낼 경우 서로간의 의미적 유연성(有縁性)은 사라진다. 즉 청·탁 대응이 의미적 대응으로 연결되지 않는다.

(11) a. 町中の木々が、はらはらと葉を落とし始めるころになっていた。(もうひとつのピアノ 国土社 2002)
b. 荷物を車に積み込んでいると、バラバラと大粒の雨が落ちて来てトランクを泥々に濡らすが、(私が歩いた中東の道歴史の旅 新風舎 2003)
c. 昨日パラパラと雨が降ったせいか、今朝は異常に湿度が高い。(楼蘭古城にたたずんで 朝日新聞社 1989)

용례(11)에서 「はらはら:ばらばら:ぱらぱら」는 나뭇잎이나 비, 눈이 떨어지는 모습을 나타내고 있다. 「はらはら」가 가벼운 나뭇잎이 떨어지는 모습을 나타내고 있는데 비해 「ばらばら」는 굵은 빗방울을 나타내고 있는 등 어감의 차이는 있으나 객관적인 의미에서는 동일하다. 즉 청·탁에 의한 어감의 차이가 의미의 대응으로 이어지고 있다고 볼 수 있다.

이에 비해 아래의 용례(12)와 같이 「はらはら」가 조마조마해하는 마음을 나타내는 감정·심리 오노마토피어의 의미로 사용될 경우 「ばらばら」「ぱらぱら」와의 의미적 대응은 사라지게 된다.

(12) a. 帰宅後、テレビでハラハラ/*バラバラ/*パラパラしながら見ていたらついに金メダル。(Yahoo!ブログ Yahoo! 2008)
b. 美弥子はそのすべてをコピーしていいかと聞いた。私ははらはら/*ばらばら/*ぱらぱらしながら二人のやりとりを見ていた。(トルーマン·レター 集英社 2001)

즉 「はらはら」가 감정·심리 오노마토피어로 의미확장하게 되면 형태적으로 대응하는 탁음·반탁음의 「ばらばら」「ぱらぱら」와는 의미적 대응을 이루지 않는다고 볼 수 있다.

따라서 일본어 감정·심리 오노마토피어는 음과 의미와의 유연성(有緣性)이라는 관점에서 보면 오노마토피어보다는 일반어에 가까운 성격을 가지고 있다는 점을 알 수 있다.

이상과 같이 일본어 감정·심리 오노마토피어의 경우 대응하는 청·탁음의 형태가 존재한다 하더라도 의미적 대응은 이루지 않고 있는데 비해서 한국어 감정·심리 오노마토피어의 경우는 양성모음과 음성모음의 교체형이 의미적으로도 대응을 이루는 페어가 다수 존재한다. 따라서 한국어 감정·심리 오노마토피어보다는 일본어 감정·심리 오노마토피어가 일반어에 가까운 성격을 가지며 어휘화가 더 많이 진행되어 있다고 볼 수 있다.

7.3. 술어 용법

한국어 감정·심리 오노마토피어의 경우 「-하다」「-거리다」「-대다」「-이다」와 결합하여 술어용법으로 나타난다. 「-하다」와 결합하는 한국어 감정·심리 오노마토피어로는 「달랑달랑, 울렁울렁, 들먹들먹, 울컥, 왈칵, 흠칫, 흠칫흠칫, 끔쩍끔쩍, 섬뜩섬뜩, 주뼛주뼛, 지긋지긋, 쭈뼛쭈뼛, 오싹오싹, 으쓱으쓱, 간질간질, 들썩들썩, 글썽글썽, 싱숭생숭, 비틀비틀, 말똥말똥, 멀뚱멀뚱, 민숭민숭, 맨숭맨숭, 팽팽, 또랑또랑, 아뜩아뜩, 어질어질, 어찔어찔」 등이 있으며 「-거리다」와 결합하는 한국어 감정·심리 오노마토피어로는 「달랑, 왈랑왈랑, 주뼛, 떵떵, 벌컥, 팔딱, 쨍쨍」 등이 있다. 「두근두근, 철렁, 뭉클, 덜컹, 쭈뼛, 오싹, 으쓱, 발끈」 등은 「-하다」「-거리다」와 결합하고 있으며 「끔쩍」은 「-이다」와 「출렁, 털렁」은 「-거리다」「-이다」와 결합하는 용례들이다.

【표2】 한국어 감정·심리 오노마토피어 술어용법

결합 형태	용례
「하다」	달랑달랑 울렁울렁 들먹들먹 울컥 왈칵 흠칫 흠칫흠칫 끔쩍끔쩍 섬뜩섬뜩 주뼛주뼛 지긋지긋 쭈뼛쭈뼛 오싹오싹 으쓱으쓱 간질간질 들썩들썩 글썽글썽 싱숭생숭 비틀비틀 말똥말똥 멀뚱멀뚱 민숭민숭 맨숭맨숭 팽팽 또랑또랑 아뜩아뜩 어질어질 어찔어찔
「거리다」	달랑 왈랑왈랑 주뼛 떵떵 벌컥 팔딱 쨍쨍
「하다」「거리다」	두근두근 철렁 뭉클 덜컹 쭈뼛 오싹 으쓱 발끈
「이다」	끔쩍
「거리다」「이다」	출렁 털렁

한국어 감정·심리 오노마토피어의 경우 「-하다」와 결합하여 술어용법으로 쓰이는 용례가 다수로서 형용사적인 성격이 강하다고 볼 수 있다.

(13) a. 그런데 그 다음다음 해라 기억되는데 그 지긋지긋한 전쟁이 끝났습니다. (하늘에 뜬 돌도끼, 창작과비평사, 1989)

b. 재미있고 무시무시한, 오싹오싹한 이야기를 해 주세요. (맏딸과 함께 춤을, 집문당, 1994)

(14) a. 선비는 또 무슨 말을 물어보려는가 하고 가슴이 두근두근하였다. (인간문제, 창작과 비평사, 1970)

b. 이런 모습을 보면서 기대감보다는 '또 무엇을 개악(改惡)하려는 것일까'라는 생각에 가슴이 두근두근거리는 것은 비단 나 혼자만의 경험일까. (주간조선, 조선일보사, 2003)

용례(13)의 경우 「지긋지긋」「오싹오싹」이 「-하다」와 결합하여 형용사로 쓰이고 있으며 용례(14)의 「두근두근」은 「거리다」형은 1례뿐으로 대부분이 「하다」형으로 쓰이고 있다.

일본어 감정·심리 오노마토피어의 경우 「~する」「~だ」와 결합하여 술어로 사용되는 것이 일반적이다. 「する」형의 경우 가도오카(角岡 : 2007)에서도 어휘화의 정도가 가장 높은 레벨4에 속해 있으며 일반어에 가까운 형태이다.[14]

감정·심리 오노마토피어 이외의 오노마토피어의 경우도 「~する」와 결합하여 동사용법으로 나타나는 경우가 있다. 하마노(浜野 : 2014)에서는 오노마토피어가 구체적인 의미에서 추상적인 비유표현으로 의미확장하게 되면 「する」용법에 있어서도 차이점이 나타나고 있다는 점을 밝히고 있다.

---

14 통어적인 특징에 대해서는 나카키타(中北 : 1992), 니시오(西尾 : 1981), 양숙운(楊淑雲 : 1993) 등이 「疑情語+する」형의 의미·용법에 대해 다루고 있는데 일본어 의정어가 술어용법으로 사용될 때 나타나는 제약에 관하여 고찰하고 있다.

(15) a. 電線がブラブラ揺れている。(副詞用法)

b. 電線がブラブラしている。(する動詞)

(16) a. 母親は、駅でブラブラ時間をつぶした。(副詞用法)

b. 母親は、駅でブラブラした。(する動詞)

(17) a. 子供は、鐵棒からブラブラぶらさがった。(副詞用法)

*b. 子供は、鐵棒からブラブラした。(する動詞)

浜野(2014 : p.115)

용례(15)의 「ブラブラ」는 「목적의식이 있는 행동은 직선적인 운동이며 목적의식이 없는 행동은 비직선적인 운동이다」라는 메타파를 거쳐 「ブラブラ時間をつぶす」라는 추상적인 비유표현으로 의미확장되어 용례(16)으로 연결된다. 그러나 용례(17)에서는 아이가 철봉에 매달려 있는 모습을 구체적으로 표현하고 있는 「ブラブラ」로서 이 경우는 동사 「ブラブラする」로는 표현할 수가 없다. 이러한 현상은 감정·심리 오노마토피어에 있어서도 동일하게 나타나고 있는데 구체적인 의미에서 추상적인 비유표현으로 의미확장이 일어난 감정·심리 오노마토피어의 경우는 부사용법의 경우에도 구체적 동작을 나타내고 있지 않으며 「~する」와 결합하여 추상적 의미로서 사람의 감정·심리를 나타내는 것이 일반적이다.

「~する」「~だ」와 동시에 결합하여 술어로 사용되는 일본어 감정·심리 오노마토피어는 「うきうき、うっかり、うっとり、うんざり、かっか、がっくり、きょとん、くしゃくしゃ、げんなり、すっきり、そわそわ、のんびり、はらはら、ほくほく、ぼんやり、むかむか、むしゃむしゃ、わくわく」 등이 있으며 「する」형으로만 나타나는 일본어 감정·심리 오노마토피어는 「いらいら、うかうか、うずうず、いじいじ、うじうじ、おずおず、おたおた、おちおち、ぎょっと、くさくさ、くよくよ、さばさば、しんみり、どきっ、はっと、びくっ、びくびく、ひやひや、ほっと、むしゃくしゃ、むずむず、むっと、むらむら、やきも

き」등이다. 「ぞっこん」은 「だ」형으로만 나타난다.

【표3】 일본어 감정·심리 오노마토피어 술어용법

결합 형태	용례
「する」「だ」	うきうき うっかり うっとり うんざり かっか がっくり きょとん くしゃくしゃ げんなり すっきり そわそわ のんびり はらはら ほくほく ぼんやり むかむか むしゃむしゃ わくわく
「する」	いらいら うかうか うずうず いじいじ うじうじ おずおず おたおた おちおち ぎょっと くさくさ くよくよ さばさば しんみり どきっ はっと びくっ びくびく ひやひや ほっと むしゃくしゃ むずむず むっと むらむら やきもき
「だ」	ぞっこん

【표3】에서 나타난 바와 같이 일본어 감정·심리 오노마토피어는 「~する」「~だ」와 결합하여 술어용법으로 사용되는 것이 가장 일반적이라 볼 수 있겠다.

(18) a. 朝食のテーブルで、私は、うんざりした気持で、クリストフからの手紙を読み返していた。(24·7 幻冬舎 1997)

b. 彼のネガティブで暗い性格にうんざりです。(Yahoo!知恵袋 Yahoo! 2005)

(19) a. 今日は家で長男と二人でのんびりしてます。長男は冬休みの宿題とＴＶゲーム。(Yahoo!ブログ Yahoo! 2008)

b. 行きも帰りものんびりです。帰り道では元輝くんの希望で秋葉原まで行って来ました。(Yahoo!ブログ Yahoo! 2008)

용례(18)(19)의 「うんざり」「のんびり」의 경우 「する」형과 「だ」형 두 가지 형태가 나타나는 감정·심리 오노마토피어이다. 추상적 의미를 가지며 일반어와 동일한 용법을 가진다.

(20) a. ストレス太りといいましょうか、イライラして食べてしまう、こうしたこともありますよね。(健康ブームを問う 岩波書店 2001)

b. うかうかしていると人生は風のように早く過ぎ去ってしまう。(これからの社会と自分の人生で、活躍するための本 ブイツーソリューショ 2005)

c. 小柄なうえに童顔で、おまけにさばさばしている、物にこだわらない性格だからだろう。(狼の追跡 光文社 1994)

용례(20)의 「いらいら」「うかうか」「さばさば」의 경우 「する」형으로는 사용되나 「だ」형으로는 사용되지 않는 경우이다.

용례(18)(19)(20)의 감정·심리 오노마토피어가 「する」형으로 나타나는 경우 「する」형이 동작의 묘사라기 보다는 사람의 심리·감정의 상태를 나타내기 때문에 형용사적인 성격이 강하다. 이는 한국어 감정·심리 오노마토피어가 형용사 「하다」와 결합하는 것과 동일한 용법이라 볼 수 있겠다.

한편 「ひしと」의 경우 술어용법을 가지지 않고 부사용법만을 가진다.

(21) a. 現実の重みというものをひしと感じながら、明日に向かって生きていかなくてはならないのである。(宇宙皇子 角川書店 1993)

b. これが恐ろしかった。外国人の感情の激しさをひしと感じた。(ピアニストの休日 ショパン 2003)

위의 용례(21)에서는 현실의 무게와 외국인의 격한 감정을 느끼는 것을 「ひしと」가 나타내고 있는데 술어용법으로 사용되지 않고 부사용법으로만 나타나고 있다.

7.4. 관용적 표현

일본어 감정·심리 오노마토피어의 경우 「ひしと」만 부사로서의 용법으로 쓰여지고 있는데 비해 한국어 감정·심리 오노마토피어의 경우 부사적 용법으로만 사용되는 용례가 다수 있다.

덜컥 뭉클뭉클 울컥울컥 왈칵왈칵 칵 칵칵 콱 콱콱 탁 턱 탁탁 턱턱 꽉 꽉꽉 딱 딱딱 바싹 바싹바싹 바짝 바짝바짝 펄쩍 펄쩍펄쩍 깜짝 깜짝깜짝 더럭 찡 보글보글 홱 발칵 버르르 부르르 불끈 푸들푸들 와락 핑핑

위의 용례는 술어용법은 나타나지 않고 용언을 수식하는 부사용법만이 나타나고 있는데 한국어 감정·심리 오노마토피어가 부사용법으로 사용될 경우 특정 명사·동사와 결합하여 관용적 표현을 나타내는 경우가 있다.

박동근(2010 : p.194)에서는 한국어 오노마토피어가 은유에 의한 관용표현으로 사용될 경우의 통사적 특징을 살피고 있다. 홀닿소리 교체형의 사용을 제약하는 관용표현의 변형제약에 관해서 아래의 용례를 제시하고 있으나 그 원리나 규칙에 대해서는 판단을 유보하고 있다.

(22) a. 펄펄 날다 / *팔팔 날다
　　b. 속이 부글부글 끓다 / *보글보글 끓다
　　c. 발을 뚝 끊다 / *발을 똑 끊다

박동근(2010:p.194)

「팔팔:펄펄」「보글보글:부글부글」「똑:뚝」은 음운·형태적으로도 의미적으로도 대응하고 있으나 용례(22)에서와 같은 관용표현에서는 사용될 수가 없다. 이는 일본어 감정·심리 오노마토피어가 추상적 비유표현으로 의미확장될 경우 청·탁 대응이 음과 의미와의 대응을 이루고 있지 않다

는 점과 관련해서 살펴보아야 할 것으로 생각된다. 용례(22)의 경우 「펄펄」「부글부글」「뚝」이 동사 「날다」「끓다」「끊다」라는 동사의 구체적 모습을 수식하는 경우라면 양성모음과 음성모음의 교체가 가능하나 용례(22)의 경우 관용표현으로서 추상적인 비유표현으로 사용되고 있다. 따라서 음과 의미와의 유연성(有緣性)이 약화되고 어휘화가 진행되어 모음교체가 불가능하게 되었다고 생각된다.

액체가 끓는 소리 또는 그 모양을 나타내는 「보글보글:부글부글」의 경우 아래의 용례(23)에서와 같이 양성모음과 음성모음의 대응형이 나타나고 있다.

(23) a. 냄비에서는 한참 전부터 된장찌개가 보글보글 끓고 있는데 아무리 찾아도 마늘은 보이지 않았다. (랍스터를 먹는 시간 (주)창비 2003)

b. 소독약이 부글부글 끓어오르며 저절로 얼룩을 빼 준다. (라벨르 9월호, 전자파일 중앙일보사, 1998)

「보글보글:부글부글」의 경우 적은 양의 액체와 많은 양의 액체가 끓는 모습을 나타내는 차이는 있지만 액체가 끓는 모습을 나타낸다고 하는 객관적 의미는 동일하다. 또한 「보글보글」의 경우 액체가 끓는 모습을 나타내는 구체적 의미만을 가지고 있는데 비해 「부글부글」은 레이코프(Lakoff : 1987)가 분노에 관한 사례연구에서 「ANGER IS HEAT」(분노는 열이다) 은유 항목을 통하여 화에 대하여 제시한 다양한 관용적 표현들 중 하나인 액체가 끓는 모습에서 연상된 이미지에서 「착잡하거나 언짢은 생각이 뒤섞여 자꾸 마음이 들볶이는 모양」을 나타내는 추상적인 의미로 의미가 확장되고 있다. 전체 32개 중 24개의 용례가 추상적 비유표현으로 사용되는 등 구체적 의미보다는 사람의 감정·심리를 나타내는 추상적 비유표현의 사용이 많이 나타나고 있다.

(24) a. 화닥닥 수혜가 효철의 뒤를 따라갔다. "효철아." 부글부글/*보글보글 끓어오르는 감정을 겨우 억누르며 성큼성큼 걸어가던 효철이 누나의 목소리를 듣고 ... (유기성, 삼신각, 1994)

b. 이번은 그냥 넘어가지, 하다가도 부글부글/*보글보글 치미는 부아를 어쩌지 못했다. (신장현, 문학과지성사, 2001)

위의 용례(24)의 「부글부글」의 경우 「부글부글 끓어오르다」「부글부글 치밀어 오르다」라는 표현이 「*보글보글 끓어오르다」「*보글보글 치밀어 오르다」라는 표현으로 교체되지 않는다. 즉 끓는 모습을 나타내는 구체적인 현상의 묘사로서 「보글보글」「부글부글」이 사용될 경우에는 액체가 끓는 양의 차이를 나타내며 서로 교체되어 사용될 수 있지만 추상적인 비유표현으로 의미가 확장될 경우에는 양성모음과 음성모음의 형태가 교체되어 사용될 수 없다.

한국어의 경우 추상적 비유표현으로 의미확장하여 사람의 감정·심리를 나타내는 오노마토피어의 경우에도 음과 의미와의 관계가 긴밀하게 나타나고 있지만 관용표현의 경우 음적 대응이 불가능하다. 즉 한국어 감정·심리 오노마토피어가 관용표현으로 나타날 경우 일본어와 마찬가지로 추상적 비유표현으로 의미확장하게 되어 더 이상 음과 의미와의 유연성(有緣性)이 성립하지 않기 때문에 양성모음과 음성모음의 교체가 불가능하게 된다. 이러한 현상은 아래의 【표4】의 용례들에서도 나타난다.

【표4】 한국어 감정·심리 오노마토피어 관용적 표현

용례	관용표현
바짝	정신을____차리다, ____긴장하다
덜컥	____겁이 나다, 겁이____나다 가슴이____내려앉다
덜컹	가슴이____내려앉다
철렁	가슴이____내려앉다

【표4】의 「바짝」「덜컥」「덜컹」「철렁」의 경우 구체적 감각에서 추상적 비유표현으로 의미확장하여 사용될 때 특정 표현과 결합하여 관용적 용법으로 사용되는 용례들이다.

(25) a. 실수를 하지 않으려고 필자는 정신을 바짝/*버쩍 차리고 방송을 했다. (뉴스를 말씀드리겠습니다, 딸꾹!, 도서출판우석, 1991)
b. 김범우는 눈을 번득였고, 검은 교복 차림의 소년은 바짝/*버쩍 긴장한 얼굴로 침을 꿀꺽 삼켰다. (경성애사, 영언문화사, 2002)

용례(25)의 「바짝」의 경우 「정신을 바짝 차리다」「바짝 긴장하다」 등의 관용적 표현으로 사용되어 긴장하는 모습을 나타내고 있다. 이 경우 「바짝」과 대응을 이루는 음성모음 「버쩍」과 교체되어 사용되지 않는다.

(26) a. 민수는 겁이 덜컥/*달칵 났습니다. (고향을 지키는 아이들, 창작과 비평사, 1981)
b. 온몸이 사시나무처럼 떨리면서 덜컥/*달칵 겁이 난 것은 시간이 약간 흐른 후였다. (오디션, 영언문화사, 2002)

용례(26)의 「덜컥」의 경우도 「겁이 덜컥 나다」「덜컥 겁이 나다」의 관용표현으로 나타나고 있는데 이때도 양성모음 「달칵」과 교체되어 사용되지 않는다.

(27) a. 나는 누군가 조금만 나를 바라보고 있는 듯해도 대뜸 가슴이 덜컥/*달칵 내려앉으며 온몸이 떨려 왔다. (작은 어릿광대의 꿈, 창작과 비평사, 1980)
b. 예리는 그녀의 말에 가슴이 덜컹/*달캉 내려앉아 쇼핑백을 떨어뜨릴 뻔했다. (펭귄의 날개, 문학사상사, 2003)

c. 앙칼지게 불어제치는 호각 소리에 모두들 가슴이 철렁/*찰랑 내려 앉았다. (열린 사회와 그 적들, 솔, 1994)

용례(27)의 경우 「덜컥」「덜컹」「철렁」이 「가슴이 덜컥 내려앉다」「가슴이 덜컹 내려앉다」「가슴이 철렁 내려앉다」 등의 관용표현으로 나타나고 있는데 이 경우도 양성모음 「달칵」「달캉」「찰랑」 등과 교체되어 사용되지 않는다.

청·탁에 의한 음운 교체가 불가능했던 일본어 감정·심리 오노마토피어에 비해 한국어 감정·심리 오노마토피어는 양성모음·음성모음의 교체형을 가지고 음과 의미와의 대응이 유연성(有緣性)을 가지고 있다. 하지만 관용표현에 있어서는 양성모음·음성모음의 교체에 있어 제약이 나타나는 등 음과 의미와의 유연성(有緣性)이 사라지고 어휘화가 진행되고 있음을 알 수 있다.

결론

08

08 결론

본서에서는 한국어와 일본어 공감각(共感覺) 오노마토피어가 청각·시각·촉각·미각·후각 등의 기본 감각을 나타내는 의음어·의태어에서 다양한 감각으로의 의미확장을 거쳐 사람의 감정이나 심리를 나타내는 추상적인 비유표현까지 의미가 확장되어 가는 과정을 살펴보았다. 언어의 자의성에 예외적인 언어 현상으로 취급되어 온 오노마토피어는 한국어와 일본어에서는 다양한 은유를 통해 일반어에 이르는 하나의 특징적인 어휘군을 이루고 있다. 즉 단순히 음을 모방하는 단계에서 구체적인 감각을 나타내는 의음어·의태어를 거쳐 일반어에 이르는 다이나믹한 어휘화의 과정을 보여주고 있다.

음과 의미가 유연성(有緣性)을 가지는 오노마토피어는 환유(metonymy)와 은유(metaphor)를 통해 공감각(共感覺)적인 의미확장이 일어나게 되며 다의성(多義性)을 가지게 된다. 이 때 윌리엄스(Williams : 1976)와 구니히로(国広 : 1989)의 공감각(共感覺)적 비유표현의 일방향성(一方向性) 가설과는 반대 방향으로의 의미확장이 나타나고 있다. 즉 촉각에서 미각, 후각, 그리고 촉각에서 청각, 시각으로의 의미확장이 아니라 청각에서 시작되어 시각, 촉각으로의 의미확장이라고 볼 수 있다. 이는 일반어와 다른 오노마토피어만의 특징이라고 볼 수 있는데 오노마토피어의 경우는 소리가 주는 감각이 중요하다고 볼 수 있다. 즉 소리에서 연상된 이미지가 환유(metonymy)에 의해 시각 그리고 촉각으로 의미확장하는 경우가 많이 나타나고 있으며 은유(metaphor)를 통해 다른 감각과 비유표현으로 의미가 확장하고 있다. 양 언어 모두 미각과 후각을 나타내는 오노마토피어는 소수에 그치고 있으나 이 경우도 다른 감각과 마찬가지로 구체적인 감각에서 추상적인 비유표현으로 의미가 확장하는 패턴이 나타나고 있다.

인간의 신체가 느끼는 모든 감각 중 가장 기본 감각인 촉각의 경우 다양한 경로의 의미확장 패턴을 보여 주고 있다. 한국어 공감각 오노마토피어 중 촉각을 나타내는 오노마토피어를 대상으로 하여 구체적인 감각에서 추상적인 비유표현으로 의미가 확장되어 가는 양상을 살펴보고 각 의미영역별 빈도수 및 의미영역별 공기하는 명사·동사를 살펴보았다.

의미영역에 따른 공기 명사의 제약에 있어서는 구체적인 감각의 경우 신체 그리고 음식과 관련된 명사와의 공기가 나타났다. 「딱딱, 꽁꽁, 단단, 탄탄, 촉촉, 축축, 끈끈, 뻣뻣」 등의 오노마토피어에 있어 신체를 나타내는 명사와의 공기가 나타나고 있으며 「딱딱」의 경우 음식을 나타내는 명사와의 공기도 나타나고 있다. 구체적인 감각을 나타내는 경우에는 대부분 구체명사와의 공기가 나타나고 있으며 추상적인 비유표현으로 의미가 확장될 경우 추상명사와의 공기가 나타나는 경우가 많았다. 하지만 비유표현으로 의미가 확장될 경우 특정 명사와의 공기제약은 나타나지 않는다.

「촉촉, 축축」과 「빳빳, 뻣뻣」 등의 양성모음과 음성모음의 대응을 보이는 용례들의 경우 추상적인 비유표현으로 의미확장될 경우 양성모음이 플러스적인 이미지로 의미확장되고 있는데 비해서 음성모음의 경우는 마이너스적인 이미지로의 의미확장이 나타나고 있다.

한편 촉각을 나타내는 일본어 공감각 오노마토피어의 경우 청·탁의 대응을 이루는 페어가 많이 나타나고 있는데 이를 대상으로 의미확장의 양상을 살펴보고 의미영역별 빈도수를 조사하였다. 그 결과 청각·시각 등의 구체적 감각으로의 의미확장인 경우 청·탁의 대응을 이루는 페어에 있어 비슷한 의미확장을 보이고 있으며 의미적 대응도 이루어지고 있지만 추상적 개념인 비유표현으로 의미가 확장될 경우는 청·탁의 대응을 이루는 페어라 할지라도 의미적 대응을 이루고 있지 않다. 이는 청각·시각 등의 구체적 감각으로의 의미확장인 경우 「음적인 유계성」에 의한 의미확장으로서 이때는 청음과 탁음이라는 음적인 대응이 의미적 대응과 일치하고 있으나 「의미적 유계성」에 의한 의미확장인 추상적 개념으로의 의미확장이 진행되면 더 이상 청음과 탁음이라는 음적인 대응이 의미적 대응으로 연결되지 않는다는 것을 보여준다.

한국어와 마찬가지로 일본어 촉각 오노마토피어의 경우도 의미영역에 따른 명사·동사의 공기제약에 있어서 신체·음식과 관련된 명사와의 공기제약이 강하게 나타났다. 예를 들면 「かさかさ、がさがさ、かりかり、がりがり、こりこり、さらさら、ざらざら、しっとり、ばさばさ、ぱさぱさ、ひりひり」 등은 신체와 관련된 명사와 공기제약을 보이고 있으며 「かちかち、かりかり、こりこり、さくさく、さらさら、しっとり、とろとろ、どろどろ、ぱさぱさ」 등은 음식을 나타내는 명사와의 공기제약이 나타나고 있다. 하지만 추상적 비유표현으로 의미가 확장될 경우는 공기하는 명사·동사에 특별한 제약이 나타나지 않는다

본서에서는 사람의 감정·심리 상태를 나타내는 오노마토피어를 「감정·심리 오노마토피어」로 규정하고 「긴장, 놀람, 두려움, 화, 초조함」 등 5개의 의미영역에 해당하는 한국어와 일본어 감정·심리 오노마토피의 의

미확장 패턴을 분석하였다.

먼저 긴장을 나타내는 「바싹. 바싹바싹, 바짝, 바짝바짝」 등은 물기가 없이 타들어 가는 모습을 나타내는 의태어에서 긴장을 나타내는 감정·심리 오노마토피어로 의미확장되고 있으며 「はらはら」의 경우는 꽃잎이 떨어지는 모습에서 위험을 느끼고 긴장하는 모습으로 의미가 확장되고 있다. 놀라는 모습을 나타내는 「펄쩍, 펄쩍펄쩍」 등은 사람이 놀라서 뛰는 모습에서 연상된 이미지가 사람의 감정·심리로 의미확장되고 있으며 「はっと、どきっ」 등은 신체가 느끼는 내부감각에서 의미확장되어 사람이 놀라는 모습을 나타내고 있다. 「주뼛, 주뼛주뼛, 쭈뼛, 쭈뼛쭈뼛」 등은 머리가 꼿꼿하게 일어서는 느낌에서 두려움을 나타내거나 주저하는 사람의 심리로 의미확장되고 있으며 「びくっ、びくびく」「ひし(と)、ひやひや」 등도 몸이 떨리는 모습이나 냉기를 느끼는 감각에서 두려움이나 공포를 느끼는 감정·심리로 의미확장되고 있다. 초조함을 나타내는 「바질바질, 부질부질, 빠질빠질, 뿌질뿌질」은 땀이 나는 모습(내부감각)에서 초조함을 나타내는 감정·심리로 「いらいら、むずむず」는 피부를 찌르는 감촉·가려움(촉각·내부감각)에서 초조함을 나타내는 감정·심리로 의미확장되고 있다. 시각적인 정보에서 긴장감을 예감하는 「はらはら」「펄쩍, 펄쩍펄쩍」을 제외하고 모두 신체가 느끼는 감각에서 긴장, 놀람, 두려움, 초조함을 느끼는 감정·심리로 의미확장되고 있다.

화를 내는 모습을 나타내는 한국어 감정·심리 오노마토피어로는 「발칵, 발칵발칵, 발깍, 발깍발깍, 발끈, 발끈발끈, 버르르, 벌컥, 벌꺽, 벌꺽벌꺽, 벌끈, 벌끈벌끈, 볼끈, 볼끈볼끈, 볼똑, 볼똑볼똑, 부르르, 불끈, 불끈불끈, 불뚝불뚝, 팔딱, 퍼르르, 푸르르, 빨끈, 빨끈빨끈」 등이 있다. 이들 오노마토피어는 ①몸을 떨거나 불이 타오르는 모습·액체가 끓어오르는 모습, ②닫혀 있던 것을 갑자기 여는 모습, ③물체가 갑자기

솟아오르거나 나타나는 것에서 연상된 이미지가 사람이 화를 내는 감정·심리로 의미가 확장되고 있다. 화를 내는 모습을 나타내는 일본어 감정·심리 오노마토피어로는 「かっか、むっと、むかむか」 등이 있다. 이 중 「かっか」는 불이 타오르는 모습에서 연상된 이미지가 사람이 화를 내는 모습으로 의미확장되고 있다고 볼 수 있으며 「むっと、むかむか」는 내부감각에서 느껴지는 이미지가 화를 내거나 불쾌감을 나타내는 사람의 감정·심리로 의미확장되고 있다. 즉 한국어와 일본어 모두 불이 타오르는 모습 혹은 내부적인 에너지가 밖으로 분출되는 이미지에서 화를 나타내는 감정·심리 오노마토피어로의 의미확장이 나타나고 있다.

오노마토피어가 소리나 모습을 모방하는 단계에서 어휘화가 진행되어 일반어에 가까운 성격을 가지게 되면 일반어와 오노마토피어의 가장 큰 차이점으로 여겨졌던 음과 의미와의 유연성(有緣性)이 약해지는 현상이 나타난다. 본서에서는 오노마토피어 어휘 내부에서 어휘화 정도에 따라 단계별 분류를 시도하였고 감정·심리 오노마토피어의 경우 일반어에 가장 근접한 특징을 가진 단계에 있음을 확인하였다. 또한 음과 의미와의 관계가 긴밀한 오노마토피어의 특징으로 여겨졌던 양성모음과 음성모음의 대응, 청·탁의 대응 등이 의미적 대응으로 연결되고 있는지 살펴보았다. 그 결과 한국어 감정·심리 오노마토피어의 경우 양성모음과 음성모음의 대응 형태를 가지는 용례가 다수 존재하였으며 의미적 대응도 이루고 있으나 일본어 감정·심리 오노마토피어의 경우 청·탁의 대응이 의미적 대응으로 연결되지 않았으며 서로 교체가 불가능하였다. 다만, 한국어 관용표현의 경우 양성모음과 음성모음의 교체에 제약을 가지는 것으로 나타났다. 따라서 추상적 비유표현으로 의미확장된 일본어 감정·심리 오노마토피어의 경우는 모든 용례가 음적 교체가 불가능하다는 점에서 한국어 감정·심리 오노마토피어에 비해 보다 어휘화가 진행되었다고 볼 수 있으며 한국어의 경우는 관용표현으로 사용될 경우 좀 더 어휘화된 표현으로 사용되고 있음을 알 수 있다.

언어는 끊임없이 변화하고 발전하며 소멸되기도 하는 생명력을 가지고 있는 유기체로서 지금 이 순간에도 수많은 어휘가 생겨나고 변형되며 또 사라져 가고 있을 것이다. 다이나믹한 생성과 확장이 가능하다는 점에서 명확한 카테고리를 설정하는 것조차 불가능한 오노마토피어는 그 자체가 언어의 전반적인 생성과 변화의 과정을 보여주는 매력적인 어휘군이라 볼 수 있겠다. 본서에서 살펴본 어휘화의 각 단계에서 새롭게 생성되는 오노마토피어가 있을 것이며 이들 중 일부는 비유의 과정을 거쳐 일반어의 단계로 흡수될 것이다. 향후 얼마간 시간이 지난 후에 다시 뒤돌아보면 현재와는 또 다른 양상의 오노마토피어 어휘군이 형성되어 있을 것을 기대하며 현 시점에서의 연구는 일단락을 짓고자 한다.

참고자료

Resources Used

【 한국어 자료 】

〈 사전류 〉

국립국어연구원 편(1999), 표준국어대사전, 두산동아

남영신 엮음(1988), 우리말 분류사전(2), 한강문화사

박용수 엮음(1989), 우리말 갈래사전, 한길사

사회과학출판사 편(1992), 조선말 대사전, 동광출판사

연변언어연구소 편(1981), 조선말 의성의태어 분류사전, 연변인민출판사

靑山秀夫(1991) 朝鮮語象徵語辭典 東京 大学書林

〈 참고사이트 〉

http://morph.kaist.ac.kr/kcp/imitative.html Kaist 말뭉치 의성어 의태어 모음(자동 추출)

http://stdweb2.korean.go.kr/main.jsp 국립국어원 표준국어 대사전

http://www.korean.go.kr/09_new/ 국립국어원 말뭉치

https://ithub.korean.go.kr/user/main.do 국립국어원 언어정보나눔터 말뭉치

【 일본어 자료 】

< 사전류 >

『擬音語·擬態語辞典』(1974) 天沼 寧 東京堂出版

『擬音語·擬態語辞典』(1978) 浅野鶴子 角川小辞典12 角川書店

『擬音語擬態語使い方辞典:正しい意味と用法がすぐわかる』(1995) 阿刀田稔子·星野和子 創拓社

『現代擬音語擬態語用法辞典』(2002) 飛田良文·浅田秀子(著) 東京堂出版

『暮らしの擬音語·擬態語辞典』(2003) 山口仲美 講談社

『日本国語大辞典』(第二版)(2000) 小学館

Dictionary of Iconic Expressions in Japanese(1996) Hisao Kakehi·Ikuhiro Tamory·Lawrence Schourup, Berlin, Moton de Gruyter.

< 참고사이트 >

https://chunagon.ninjal.ac.jp 일본 국립국어연구소 KOTONOHA「現代日本語書き言葉均衡コーパス」中納言コーパス検索アプリケーション

참고문헌
Reference

浅野鶴子(1978)『擬音語·擬態語辞典』角川小辞典12 角川書店

阿刀田稔子·星野和子(1995)『擬音語擬態語使い方辞典:正しい意味と用法がすぐわかる』創拓社

天沼 寧(1974)『擬音語·擬態語辞典』東京堂出版

池上嘉彦(1975)『意味論』大修館書店 pp.225-226.

伊藤理英(2009)『日本語オノマトペの比喩による意味拡張を中心とした認知言語学的考察』제이앤 pp.249-258.

大澤(伊藤)理英(2007)「オノマトペの意味拡張の事例に基づく共感覚的比喩表現の一方向性における反例と考察」『日本認知言語学会論文集』7 日本認知言語学会 pp.365-374.

苧坂直行(1999)『感性のことばを研究する-擬音語·擬態語に読む心のありか』新曜社

筧寿雄(1993)「一般語彙となったオノマトペ」『言語』22-6 大修館書店 pp.38-47.

筧寿雄·田守育啓(編集)(1993)『オノマトピア-擬音·擬態語の楽園』勁草書房

角岡賢一(2002)「日本語オノマトペ語彙の接辞」『竜谷大学国際センター年報』11 pp.35-61.

______(2007)『日本語オノマトペにおける形態的·音韻的体系性について』

くろしお出版 pp.10-37.
亀井孝(外)(1996)『言語學大辞典』三省堂 p.514.
河上製作(1996)『認知言語学の基礎』研究者出版
金田一春彦(1978)「擬音語·擬態語概説」『擬音語·擬態語辞典』浅野鶴子(1978)に所収 角川書店 pp.5-25.
国広哲弥(1982)「ハナレル·ハズレル·ズレル」『ことばの意味3-辞書に書いてないこと』平凡社 pp.29-36.
______(1985)「認知と言語表現」『言語研究』88 日本言語学会 pp.1-19.
______(1989)「五感を表わす語彙-共感覚的比喩体系」『月刊言語』18(11) 大修館書店 pp.28-31.
小松英雄(1981)『日本語の世界 7 日本語の音韻』中央公論社
坂本真樹(2009)「小学生の作文にみられるオノマトペ分析による共感覚比喩一方向性仮説再考」『日本認知言語学会論文集』10 日本認知言語学会 pp.129-138.
澤田信恵(2004)「日本語と韓国語の感覚オノマトペ語彙の意味分析-触覚を表すオノマトペを中心に-」『日本學報』61 韓国日本学会 pp.137-150.
______(2005)「日本語·韓国語の「かたさ」を表すオノマトペの意味分析-シンタグマティックな側面から-」『日本學報』64 韓国日本学会 pp.59-74.
______(2008)「日本語·韓国語の「触覚」を表す擬態語の意味領域の考察」『日本學報』76 韓国日本学会 pp.45-56.
篠原和子·宇野良子(2013)『オノマトペ研究の射程-近づく音と意味』ひつじ書房
田守育啓(1991)『日本語オノマトペの研究』神戸:神戸商科大学 pp.187-

196.

______(2002)『オノマトペ擬音·擬態語をたのしむ』岩波書店

田守育啓·ローレンス·スコウラップ(1999)『オノマトペ-形態と意味-』くろしお出版 pp.187-214.

丹野眞智俊(2007)『オノマトペ(擬音語·擬態語)をいかす』あいり出版

張鎭暎 (2003a)「日本語オノマトペにおける清·濁の対立」『日本學報』56 韓国日本学会 pp.55-74.

______(2003b)「オノマトペにおける清·濁と意味分化-4音節反復形を中心として-」『日本語文学』18 韓国日本語文学会 pp.65-91.

______(2010)「日本語擬情語の意味拡張」『日語日文学研究』75 韓国日語日文学会 pp.131-148.

______(2017)「韓·日触覚オノマトペの意味拡張と名詞·動詞共起制約-「かたさ、湿り気、粘り気、痛み」の意味資質を持つオノマトペを中心として-」『日本言語文化』41 日本言語文化学会 pp.253-275.

中北美千子(1992)「擬音語·擬態語と形式動詞「する」の結合について」『国文目白』31 日本女子大学 pp.247-256.

仲本康一朗(2004)「予期的認知と形容表現:不安に基づく状況把握」『日本認知言語学会論文集』4 日本認知言語学会 pp.33-44.

西尾寅弥(1981)「『擬音語·擬態語+する』の形式について」『語学と文学』20 詳馬大学語文学会 pp.82-96.

浜野祥子(2014)『日本語オノマトペ』くろしお出版 pp.72-122.

三上京子(2004)「多義オノマトペの意味·用法の記述と指導の試み-「ごろごろ」「ばたばた」を例として-」『小出記念日本語教育研究会論文集』12

______(2006)「日本語の擬音語·擬態語における意味の拡張」『日語日文学研究』57-1 韓国日語日文学会 pp.199-217.

武田みゆき(2000)「日·中擬音語の語彙度-人間の活動に関する音と外界音を中心に-」『ことばの科学』13 名古屋大学総合言語センター言語文化研究委員会 pp.171-186.

呂佳蓉(2003)「オノマトペの多義性に関するスキーマ的分析」『言語科学論集』9 京都大学 pp.83-117.

______(2004)「比喩としてのオノマトペ-「ころころ」と「圓滾滾」-」『日本認知言語学会論文集』4 日本認知言語学会 pp.480-483.

楊淑雲(1993)「「擬態語+する/なる」の形式について」『東北大学文学部日本語学科論集』3 東北大学文学部日本語学科 pp.95-106.

김광태(2004)「한·일 양언어의「驚」의 감정의 오노매토피어」『일본연구』23 한국외국어대학교 일본연구소 pp.565-586.

______(2013)「한일 양언어의 감정표현의 양상」『일본연구』56 한국외국어대학교 일본연구소 pp.147-165.

김중현(2001)「국어 공감각 표현의 인지언어학적 연구」『담화와 인지』8-2 담화·인지 언어학회 pp.23-46.

김홍범(1995)『한국어의 상징어 연구』연세대학교 박사학위논문 pp.125-154.

______(2008)「상징어의 의미 기술 모형 연구」『청람어문교육』38 청람어문교육학회 pp.341-366.

김홍범·권경일(2010)「상징어 어근으로 형성된 한국어 성격 형용사 연구」『비교문화연구』19 비교문화연구회 pp.233-250.

김홍범·이영주(2009)「상징어의 의미영역 분류 연구(1)」『한말연구』24 한말연구학회 pp.81-114.

박동근(2008)『한국어 흉내말의 이해』도서출판역락 pp.145-221.

______(2010)「관용표현의 의미 구조와 흉내말 변형 제약」『겨레어문학』 44 겨레어문학회 pp.179-199.

손남익(1998)「국어 상징부사어와 공기어 제약」『한국어 의미학』 3 한국어 의미학회 pp.119-134.

서상규(1993)「현대 한국어의 시늉말의 문법적 기능에 대한 연구-풀이말과의 결합관계를 중심으로-」『朝鮮學報』 149 朝鮮學會 pp.63-192.

안인숙(2008)「의성의태어의 공기관계」『語文論集』 38 중앙어문학회 pp.57-93.

연변언어연구소(1982)『우리말 의성의태어 분류사전』 연변언어연구소출판

오영은(1989)「일본어의 상징어에 대한 소고-의정어를 중심으로-」『동의대학교 동의논집』 16 동의대학교 pp.121-135.

우인혜(1990)「시늉부사의 구문론적 제약」『한국학 논집』 17 한양대학교 한국학연구소 pp.310-320.

이수련(2009)「공감각으로 본 모양흉내말 연구-시각을 중심으로-」『한글』 286 한글학회 pp.189-219.

임규홍(2013)「국어 상징어의 의미전이 양상」『언어과학회』 67 언어과학회 pp.223-250.

임지룡(1997)『인지의미론』 탑출판사

임지현(2009)「한·일 양국의 오노마토페에 대한 의미론적 연구」『일어일문학연구』 71 한국일어일문학회 pp.277-295.

장진영(2011)「일본어 의정어 의미 용법 분석-일본어 교육에의 응용 모색-」『언어과학회』 56 언어과학회 pp.179-200.

______(2013a)「일본어 의정어에 나타나는 불안의 이미지」『일본언어문화』 25 일본언어문화학회 pp.421-441.

______(2013b)「한·일 공감각(共感覺) 오노마토피어 의미확장 패턴분석」

『일본어문학』 61 일본어문학회 pp.173-198.

______(2014)「일본어 공감각(共感覺) 오노마토피어 의미확장과 명사·동사 공기제약-「촉각」을 나타내는 오노마토피어를 중심으로-」『일어일문학』 64 대한일어일문학회 pp.121-146.

______(2016)「한·일 감정·심리 오노마토피어 의미확장 패턴 분석」『일본어문학』 75 일본어문학회 pp.117-140.

______(2018)「한·일 감정·심리 오노마토피어 어휘화 과정 분석-음과 의미와의 유연성(有緣性) 약화를 중심으로-」『일본어문학』 80 일본어문학회 pp.181-202.

______(2019)「어휘화 레벨에 따른 일·영 오노마토피어 대응 양상 분석」『일본어문학』 86 일본어문학회 pp.115-136.

채완(1993)「의성어·의태어의 통사와 의미」『새국어생활』 3-2 국립국어연구원 pp.54-72.

______(2003)『한국어의 의성어와 의태어』 서울대학교 출판부

황규삼(2005)「한일양언어에 있어서 오노마토페의 파성접미사에 대하여」『일어일문학연구』 52 한국일어일문학회 pp.239-251.

______(2015)「韓·日 兩言語에 나타난 重意的(掛詞式)오노마토피아의 연구」『일본어교육연구』 71 한국일어교육학회 pp.47-59.

Akita K.(2009) A grammar of sound-symbolic words in Japanese: Theoretical approaches to iconic and lexical properties of mimetics. Kobe : Kobe University

Flyxe. M.(2002) Translation of Japanese onomatopoeia into Swedish. (with focus on lexicalization) *Africa & Asia 2*, pp.54-73.

Hamano Shoko.(1998) *The Sound-Symbolic System of Japanese.*

Tokyo: Kurosio.

Heine, Bernd., Ulrike, Claudi. and Friederike, Hünnemeyer.(1991) *Grammaticalization: A conceptual framework*. Chicago, London: The University of Chicago Press, pp.27-64.

Johnson M.(1987) *The Body in the Mind*. Chicago, London: The University of Chicago Press. 노양진 옮김(2000) 『마음 속의 몸』 철학과 현실사.

Kakehi I., Tamori I., & Schourup, L.(1996), *Dictionary of iconic expressions in Japanese*. Berlin: Mouton de Gruyter.

Kövecsces, Z.(2010) *Metaphors*. New York: Oxford University Press.

Labov, W.(1973) The boundaries of words and their meanings. In C. J. N. Bailey & R. W. Shuy (Eds.) *New ways of analyzing variation in English* (Vol. 1), pp.340-373.

Lakoff, G.(1987) *Women, Fire, and dangerous things*. Chicago, London: The University of Chicago Press, pp.380-415.

Lakoff, G. and Johnson, M.(1980) *Metaphors We Live By*. Chicago: The University of Chicago Press. 노양진·나익주 옮김(1995) 『삶으로서의 은유』 서광사.

Nida, E. A.(1975) *Componential Analysis of Meaning: an introduction to semantic structures*. The Hague·Paris·New York: Mouton Publishers.

Rosch, E. H.(1973) On the internal structure of perceptual and semantic categories. In T.E. Moore, *Cognative development and the acquisition of language*. Academic Press, pp.11-44.

______(1975) Cognative Representations of Semantic Categories.

Journals of Experimental Psychology: General V.104 N.3, pp.192-233.

Saussure, F. de.(1916) *Cours de linguistique generale*. 오원교 옮김 (1975) 『일반언어학강의』 형설출판사, pp.91-94

Sweetser, E.(1990) *From Etymology to Pragmatics: Metaphorical and Cultural Aspects of Semantic Structure*. Cambridge University Press. (『認知言語学の展開-語源論から語用論まで-』 沢田治美(訳) 研究社出版 2000)

Taylor, John R.(1995) *Linguistic Categorization*. New York: Oxford University Press. 조명원·나익주 옮김(1997) 『인지언어학이란 무엇인가』 한국문화사.

Ullmann, S.(1957) *The principles of Semantics*. Oxford: Blackwell, pp.266-289.

______(1962) *Semantics: An introduction to the science of meaning*. Basil Blackwell&Mott, Oxford, pp.80-93, pp.211-227.

Williams, J. M.(1976), Synaesthetic adjectives : a possible law of semantic universals. *Language* 52, pp.461-478.

저자소개

Introduction of the author

장진영

- 경북대학교 일어일문학과 석사
- 경북대학교 일어일문학과 박사
- 현 계명대학교 Tabula Rasa College 부교수

< 논문 >

「日本語擬情語の意味拡張」(2010)『日語日文学研究』75 韓国日語日文学会

「한·일 공감각(共感覺) 오노마토피어 의미확장 패턴분석」(2013)『일본어문학』61 일본어문학회

「한·일 감정·심리 오노마토피어 의미확장 패턴 분석」(2016)『일본어문학』75 일본어문학회

「韓·日触覚オノマトペの意味拡張と名詞·動詞共起制約ー「かたさ、湿り気、粘り気、痛み」の意味資質を持つオノマトペを中心としてー」(2017)『日本言語文化』41 日本言語文化学会

「한·일 감정·심리 오노마토피어 어휘화 과정 분석ー음과 의미와의 유연성(有緣性) 약화를 중심으로ー」(2018)『일본어문학』80 일본어문학회

「어휘화 레벨에 따른 일·영 오노마토피어 대응 양상 분석」(2019)『일본어문학』86 일본어문학회